교과서에 나오는
위인들

위인전 편찬위원회 편

교과서에 나오는
위인들

위인전 편찬위원회 편

자유토론

어린이 여러분이 읽어야 하는 책은 분야 별로 참으로 많습니다. 동화, 동시, 과학, 역사에 관한 책 등…….
동화와 동시를 통해서는 무한한 상상력과 창의력을 키울 수 있고, 과학책이나 역사책에서는 비판력과 논리적인 사고력을 키울 수 있습니다.
위인전도 마찬가지지요. 어린이 여러분은 위인전을 읽으면서 위인들의 어린 시절을 통해 자신을 비교해 보게 되고, 남다른 지혜와 용기를 배우게 되지요. 또한 착하고 슬기롭고, 의로운 마음으로 용기있게 어려움을 헤쳐나가는 지혜를 배우기도 하구요.
위인은 어린이 여러분의 친구입니다. 역사에 길이 남는 위인이라고 해서 여러분과 다른 종류의 사람이 아닙니다.
그들도 어린 시절에는 말썽을 피워 부모님께 혼나기도 했고, 잘못을 저질러 참회의 눈물을 흘리기도 했습니다.
요즘처럼 할 것도 많고 배울 것도 많은 어린이 여러분이 그 많은 위인전을 다 읽을 수는 없습니다.
교과서에 나오는 위인들만을 가려 뽑아 간략하게 소개해 놓은 이 책 한 권으로 여러분은 교과서 속 위인들을 모두 만나게 될 것입니다.

교과서에 나오는 위인들 — 3학년

홍의 장군 곽재우 13

비운의 왕 광해군 28

행주대첩의 영웅 권율 41

대한 독립을 염원하며 백범 김구 51

천재 화가 김홍도 68

암행어사 박문수 85

위대한 스님 범일 대사 102

음악의 성자 베토벤 116

나비 박사 석주명 132

한글의 아버지 세종 대왕 145

한국이 낳은 천재 음악가 안익태 153

세계를 무대로 민족 운동을 펼친 **안창호** 162

동요에 바친 삶 **윤극영** 173

건강한 동요를 위하여 **윤석중** 188

술과 문장의 대가 **윤회** 197

하늘이 내린 과학자 **장영실** 207

세계적인 곤충 학자 **파브르** 218

위대한 서예가 **한석봉** 233

명재상 **황희** 248

온달 장군과 평강 공주 258

교과서에 나오는
위인들

홍의 장군 곽재우

곽재우의 고향은 경상도 의령 현입니다. 명종 7년인 1552년 8월 28일 황해 감사 곽월의 셋째 아들로 태어났지요. 곽재우의 집안은 넉넉한 편이었습니다. 너그러운 부모님 밑에서 곽재우는 무럭무럭 자랄 수 있었습니다.

하지만 그 행복은 길지 못했답니다. 불행하게도 어머니께서 너무 일찍 돌아가신 것입니다. 곽재우가 세 살 때였습니다.

"언제나 씩씩하고 명랑하게 자라야 한다. 어머니가 안 계시더라도 절대 슬퍼하는 모습을 보여서는 안 된다. 대장부는 쓸데없이 눈물을 보여서도 안 된다."

아버지는 어린 곽재우를 앉혀놓고 늘 그렇게 말할 정도로 자상하셨습니다.

곽재우는 총명하고 용감한 아이였습니다. 또한 한번 생각한 것은 반드시 실천에 옮기는 추진력도 뛰어난 아이였지요.

어느 해 가뭄이 몹시 심한 때의 일입니다.

"큰일이구나. 이렇게 비가 오지 않아 어떻게 농사를 짓는단 말인가."

사람들은 한숨을 내쉬며 하늘만 올려다 보았습니다. 서서히 우물의 물이 마르기 시작하고 꽤 깊게 흐르던 냇물도 바닥을 보이기 시작했습니다. 하루라도 빨리 비가 내리지 않으면 그 해 농사는 흉년이 들 게 뻔했습니다. 벼들은 죽어 가고 콩이며 옥수수도 물이 없어 시들어 가고 있었습니다.

하루는 늘 공부만 하던 곽재우가 하인들을 불렀습니다.

"오늘 나하고 냇가에 가서 고기를 잡도록 하자.

물이 얼마 없으니까 고기를 쉽게 잡을 수 있겠지?"

하인들은 곽재우의 말에 깜짝 놀랐습니다.

"큰일 날 말씀이십니다. 요즘 마을 사람들은 한 방울의 물도 아쉬워하는데 도련님이 한가하게 물고기를 잡고 있어 보십시오. 대감마님이 아시면 불호령이 떨어질 것입니다."

가장 나이 많은 하인이 곽재우를 말렸습니다.

"괜찮다니까. 옛말에 가뭄 들어 물고기를 잡으면 하늘에서 비를 내린다고 하잖아?"

곽재우는 무조건 고집을 피웠습니다.

"소인은 생전 처음 듣는 얘긴 뎁쇼."

그러나 다른 하인들은 물고기를 잡으러 간다는 말에 벌써부터 들떠 있었습니다.

"아버님께는 내가 허락을 받을 테니까 어서 고기 잡으러 갈 준비나 서둘러요."

곽재우는 안방으로 건너갔습니다.

"아버님, 물고기 잡으러 냇가에 나갈까 합니다."

"공부만 하느라 지친 모양이구나. 하루쯤 밖으로 나가 머리를 식히는 것도 좋을 것이다."

곽재우는 쉽게 허락을 받아냈습니다.

하인들은 물고기를 잡으러 간다는 생각에 몹시 들떠 있었습니다.

"삽과 곡괭이도 가져 가야 해!"

곽재우는 하인들을 향해 그렇게 말했습니다.

"물고기 잡는 데 삽과 곡괭이가 왜 필요합니까?"

"두고 보면 알게 돼요."

하인들은 영문을 몰라하면서도 삽과 곡괭이를 준비했습니다.

곽재우를 비롯한 집안 하인들은 모두 냇가로 향했습니다.

오랫동안 비 한 방울 내리지 않아 들판의 곡식들은 모두 말라 죽고 있었습니다.

햇볕이 몹시 따가웠습니다. 곽재우는 씩씩하게 앞장 서서 산 쪽으로 갔습니다.

"도련님, 그 쪽이 아닙니다. 저 아래 쪽으로 가야 물고기가 많습니다."

나이 많은 하인이 곽재우를 말렸습니다.

"나한테 생각이 있으니까 아무 말 말고 따라오기

만 해."

 하인들은 모두 고개를 갸우뚱하면서도 곽재우의 뒤를 따랐습니다. 일행이 닿은 곳은 물줄기가 시작되는 곳이었습니다.

 "여기를 삽과 곡괭이로 파도록 해. 될 수 있으면 깊이 파도록 하라구."

 곽재우의 말에 하인들은 그제서야 이해하겠다는 듯이 고개를 끄덕거리며 파기 시작했습니다. 정말로 많은 물이 솟구쳤습니다.

 "도련님 생각을 따라갈 수가 없다니까. 우린 정말로 고기잡이 하는 줄 알았잖아."

 일은 하루 종일 계속되었습니다.

 그 소식을 들은 동네 사람들은 너도나도 냇가로 몰려들었습니다. 손에는 삽이며 곡괭이가 들려 있었습니다.

 이렇게 해서 급한 대로 논에 물을 댈 수 있었던 것입니다.

 곽재우는 1585년 선조 18년에 문과에 급제했습니다. 하지만 왕의 뜻을 거스르는 글을 써서 곧 파면 당하고 말았습니다.

곽재우는 학문을 닦는 데 힘을 기울이는 한편 병서도 열심히 읽었습니다.

"병서를 왜 읽느냐?"

아버지께서 이렇게 물었습니다.

"언젠가는 필요할 날이 올 것 같습니다."

아버지는 곽재우가 왜 그런 생각을 하고 있는지 잘 이해할 수 있었습니다. 나라는 너무 위태로웠습니다. 왜놈들이 수시로 쳐들어오고 있었고 오랜 가뭄으로 나라 살림은 형편없게 돼버렸으니까요.

1592년, 설마설마 하던 일이 결국 일어나고 말았습니다. 바로 임진왜란이 터진 것입니다.

일본의 도요토미 히데요시는 대군을 이끌고 우리나라를 침략했습니다.

왜군은 손쉽게 함안군을 점령하고 정암진(솔바위나루)을 건너는 작전을 펼쳤습니다.

"우리가 지키지 않으면 이 나라는 왜놈들 손에 넘어갈 것이다!"

"죽을 힘을 다해 지켜야 한다!"

곽재우는 적과 맞서 싸울 의병을 조직해 싸움터로 나섰습니다.

"홍의 장군을 따르라!"

"홍의 장군이 계시면 승리는 우리 것이다!"

모두 큰 함성을 지르며 장군의 뒤를 따랐습니다.

곽재우는 싸움터에 나갈 때 늘 붉은 옷을 입었습니다. 그래서 사람들이 '홍의 장군'이라고 불렀던 것입니다.

곽재우가 처음으로 의병을 모집하여 훈련을 시킨 장소는 경남 의령군 유곡면 세간리입니다. 당시 정확한 의병 규모는 알 수 없지만 초기에는 수십 명 정도였던 것으로 추측되는데 나중에는 이천 명이 넘는 병력이 되었습니다.

곽재우는 의병들을 이끌고 창녕의 화왕산성에 진을 쳤습니다.

왜군들이 곧 창녕으로 진격한다는 소식이 전해져 왔습니다.

"마을로 내려가 베와 벌통을 모조리 구해 오라! 남은 사람들은 궤짝을 짜도록 하라!"

의병들은 어리둥절했지만 명령에 따라 행동했습니다.

궤짝이 만들어지자 곽재우는 그 속에 벌통을 하나씩 넣었습니다.

"서둘러 산성 주위에 새끼줄을 쳐라! 그리고 새끼줄엔 베를 걸어 놓아라! 몇 명은 산성 뒤로 돌아가서 궤짝을 여기저기에 숨겨 놓거라!"

창녕에 도착한 왜군들은 의병을 공격하기 위해 화왕산성으로 진격했습니다.

산성 가까운 곳에 이르러 의병의 동태를 살피던 적들은 깜짝 놀랐습니다.

산성 주위에 흰 베들이 가득했고 그 사이로 의병들이 왔다갔다 하는 것이 아니겠어요?

"의병의 숫자가 짐작보다 많은 듯하다. 정면 공격은 안 되겠다!"

왜장은 성의 뒤편에서부터 공격을 하라고 명령을 내렸습니다.

왜적들은 고양이 걸음으로 성 뒤쪽으로 몰려갔습니다.

"아니, 이게 뭐야?"

왜장은 다시 놀랐습니다. 수없이 많은 식량 궤짝이 여기저기 널려 있었거든요.

"흐음, 아주 잘 됐구나. 우선 배가 고프니 이걸로 밥을 해 먹고 공격하기로 하자."

신이 난 왜병들은 서둘러 궤짝을 뜯기 시작했습니다. 그러자 그 때 앵앵거리는 소리와 함께 느닷없이 벌떼들이 쏟아져 나오기 시작했습니다.

"으악! 벌떼다!"

왜병들은 비명을 지르며 이리 뛰고 저리 뛰었지만 그럴수록 벌떼의 공격은 심해지기만 했습니다.

곽재우는 이 순간을 노렸던 것입니다.

"공격! 공격하라!"

숨었던 의병들이 한꺼번에 공격을 시작했습니다.

"큰일났다! 모두 피하라!"

왜장이 후퇴 명령을 내렸지만 이미 늦은 뒤였습니다. 용감한 의병들의 칼과 화살 앞에 왜병들은 모조리 쓰러지고 말았습니다.

다시 며칠이 지났습니다. 간신히 도망을 친 왜구

들은 다시 쳐들어 올 기회를 엿보고 있었습니다.

곽재우는 의병들에게 다시 한 번 명령을 내렸습니다.

"이번에는 궤짝 속에 화약을 넣도록 하라!"

의병들은 서둘러 궤짝에 화약을 채웠습니다. 그리고 곽재우의 명령대로 산성 뒤쪽에 그것을 놓아 두었습니다.

이튿날입니다. 왜구들이 다시 쳐들어왔습니다.

"우리를 바보로 아는군. 이번에도 또 속을 줄 알고?"

곳곳에 널린 궤짝을 보고 화가 난 왜장이 말했습니다.

"여봐라, 궤짝들을 한 곳에 모으고 불을 질러 벌을 태워 버려라!"

왜군들은 서둘러 궤짝에 불을 질렀습니다.

그러자 다음 순간 쾅! 하는 요란한 소리와 함께 궤짝 속의 화약이 폭발하기 시작하였습니다.

폭발과 함께 왜군들은 픽픽 쓰러졌습니다.

"공격하라!"

폭발음과 함께 곽재우는 앞장 서서 왜군을 모조리 무찔렀습니다.

그 이후 왜군들은 붉은 옷을 입은 장수가 눈에 띄면 도망치기 바빴다고 합니다.

곽재우의 전술은 그 어떤 장수보다도 뛰어났습니다. 그는 특히 주위의 지형을 지혜롭게 활용하여 적을 부수는 게릴라전에 능숙하였습니다.

정암 전투에서 벌어진 일입니다.

정암은 교통의 요지로 지형만 잘 활용한다면 대승을 거둘 수 있는 요새였습니다. 곽재우는 이러한 정암의 특성을 이용하여 남강과 낙동강 일대를 방어하고 있었습니다.

1592년 6월 초, 왜군은 전라도 북부 지역을 공격하기 위하여 정암 쪽으로 몰려오고 있었습니다.

"만약, 이 곳을 지키지 못한다면 곡창지대인 전라도를 적에게 빼앗기게 된다. 모든 병사들은 조국을 위해 목숨을 걸고 적군과 싸우라!"

곽재우는 날쌘 병사 열 명을 뽑아 자기와 똑같은 붉은 옷을 입게 하였습니다. 위장술로 적을 혼란시

킬 목적이었습니다.

"저기 붉은 옷을 입은 자가 곽재우다! 한꺼번에 달려들어 놈을 잡아라!"

왜장은 붉은 옷을 입은 의병을 잡으라고 소리쳤습니다.

왜군들이 우르르 몰려갔습니다.

붉은 옷을 입은 장수들이 갑자기 사방에서 달려들었습니다.

"누가 진짜야?"

왜군들은 어쩔 줄 몰라서 야단법석이었습니다.

그 때를 틈타 곽재우의 우렁찬 목소리가 들려왔습니다.

"왜군을 한 놈도 살려 두지 말라! 모조리 목을 베어라!"

혼비백산한 왜군들은 제대로 싸워 보지도 못하고 의병의 칼날 아래 목숨을 잃고 말았습니다.

이 전투에서 크게 패한 왜군들 사이에서는 이런 소문이 나돌았습니다.

"홍의 장군 곽재우는 하늘이 내린 장수가 분명하

다. 하늘이 보호하는 곽재우를 조심하라."

 그렇게 나라를 위해 열심히 싸웠지만 시련도 많았습니다. 왜적을 피해 비겁하게 달아났던 감찰사 김수가 죄를 뒤집어 씌우는 바람에 옥에 갇히기도 했습니다.

 곽재우는 정치가 싫어졌습니다.

 나라는 날로 어지러워지고 급기야는 아무 죄 없

는 이순신 장군이 옥에 갇힐 지경에 이르렀습니다.

뿐만이 아닙니다. 친구였던 광주 의병장 김덕령이 죄 없이 죽음을 당해야 했습니다.

"나는 고향을 지키면서 살겠다."

그 후 곽재우는 벼슬을 버리고 고향으로 내려가 창암에 망우정을 짓고 조용히 살았습니다. 글씨도 아주 잘 썼고 시문 실력도 뛰어났던 곽재우가 그때에 남긴 저서가 〈망우집〉이랍니다.

비운의 왕 광해군

　선조 임금은 아들이 열네 명이나 되었습니다.
　그러나 왕비인 의인 왕후에게서 태어난 아들은 하나도 없었습니다. 의인 왕후는 몸이 너무도 약했습니다.
　선조 임금은 할 수 없이 후궁의 아들 중에서 세자를 택하기로 하였습니다.
　하지만 그 일도 쉽지가 않았습니다. 누구를 세자로 선택하면 좋을지 얼른 판단이 서질 않았거든요.
　"마마, 세자 책봉을 서두르셔야 하옵니다."
　대신들이 모두 입을 모았습니다.

"나도 그렇게 생각하오. 허나, 누구를 세자로 내세운단 말이오."

"총명한 왕자님을 세자로 내세움이 옳을 듯하옵니다."

"그걸 모르겠으니 하는 말 아니오."

"여러 왕자님을 모셔다 놓고 시험을 한번 보시옵소서."

이렇게 하여 왕자들은 선조 임금 앞에 모두 모였습니다.

"너희들은 이 세상에서 가장 맛있는 음식이 무엇이라고 생각하느냐?"

임금님이 대뜸 물었습니다.

"꿀이옵니다. 예로부터 맛있는 음식을 먹고 나서는 '꿀처럼 달구나!' 라고 말하지 않사옵니까?"

한 왕자님이 그렇게 대답했습니다.

"아닙니다. 떡이야말로 가장 맛있는 음식입니다. 쌀을 빻아 만들었기에 물리지도 않고 언제 먹어도 고소하기만 합니다."

"아닙니다. 뭐니뭐니 해도 고기가 제일입니다.

소자는 고기 굽는 냄새만 맡아도 침이 꿀꺽 넘어갑니다."

임금님은 말없이 왕자들의 이야기에 귀를 기울였습니다. 그리고 끝으로 광해군에게 물었습니다.

"그래. 너는 무엇이 제일 맛이 있더냐?"

"예, 소금이 제일 맛있는 음식이옵니다!"

"소금이라구?"

"그렇습니다. 소금이야말로 모든 음식에 반드시 들어가지 않습니까. 만약 소금이 없다면 제아무리 값비싼 재료라도 맛있는 음식이 될 수는 없을 것입니다."

임금님은 광해군의 대답에 크게 만족하였습니다. 대신들 중에는 첫째 왕자인 임해군을 세자로 앉히려 하는 자도 있었지만 임해군은 성격이 너무 광폭하고 덕이 없었습니다.

결국 광해군이 세자 자리에 올랐고 나중에 왕이 되었습니다.

왕이 된 광해군은 외교와 왕권을 강화하는 데 노력을 기울였습니다.

"중국과의 외교는 나라에 큰 영향을 미친다. 지금 중국에는 명나라와 후금이란 두 개의 나라가 있으니 어느 쪽과 교류를 해야 우리에게 도움이 될지 잘 파악해야 할 것이다. 짐의 생각으로는 후금이 나을 것 같구나."

"후금은 한낱 오랑캐의 무리에 지나지 않습니다. 어찌 뿌리 깊은 역사를 지닌 명나라를 멀리하려 하옵니까?"

"마마, 우리는 예로부터 명나라와 깊은 유대를 맺어 왔습니다. 임진왜란 때만 해도 명나라는 아낌없이 군대를 지원해 주지 않았습니까. 도의상으로 따져 보아도 명나라와 친밀하게 지내야 할 것이옵니다."

여러 신하들은 입을 모아 반대하였습니다.

그러자 광해군이 대답했습니다.

"어찌 그대들은 하나만 알고 둘은 모르오. 누가 명나라를 배신한다고 했소? 다만 후금이 강대하니 두 나라와 동시에 친할 필요가 있다는 것 아니오."

이처럼 광해군은 외교에 있어서 철저히 나라의

이익을 생각했습니다. 또한 왕권을 강화해야 백성들의 생활이 안정된다고 믿었습니다. 임진왜란 이후로 민생은 너무도 피폐해 있었거든요.

"당파 싸움과 전란으로 나라 안이 흉흉하기만 하니 백성들은 도탄에 빠져 헤어나질 못하는구나. 내 이번에 백성들의 세금을 줄여 주고자 하는데 경들의 생각은 어떻소?"

"지당하신 말씀입니다. 세금의 가지 수가 너무

많아 혼란스럽기 그지없습니다. 또한 어떤 관리는 이걸 이용하여 이중으로 세금을 걷는다 하옵니다."

"허허, 보릿고개를 못 넘겨 백성이 굶어 죽는다고 하는데, 그런 괘씸한지고. 당장 세금의 가지 수를 줄이고 또 더 좋은 방법이 있으면 말해 보도록 하시오."

"세금을 쌀로만 걷는 것도 한 방법이라고 생각합니다."

이렇게 해서 대동법이 생겼습니다. 대동법이란 나라에 현물로 바치던 공물을 미곡으로 환산하여 바치게 하는 법입니다.

또한 광해군은 농토를 개간해 경작지를 넓혔지요. 이 모두가 나라를 부강하게 하는 데 큰 도움이 되었습니다.

한편 임진왜란으로 소실된 역사서를 다시 만들었습니다.

문학뿐만 아니라 의학 부분도 광해군 때 큰 발전을 이루었습니다.

허균의 〈홍길동전〉, 허준의 〈동의보감〉 등이 이

시대에 만들어진 것들입니다.

〈홍길동전〉은 최초의 한글 소설로서 지금까지도 많은 연구가 진행되고 있답니다.

또한 허준이 완성한 〈동의보감〉은 동양의 훌륭한 의학서적 중의 하나입니다.

광해군은 이처럼 나라를 발전시키기 위하여 많은 애를 썼습니다. 그러나 한편으로 왕권을 강화시키기 위해 많은 사람을 죽이기도 했습니다.

왕의 자리를 노린다며 형인 임해군을 죽이고 영창대군도 죽였습니다. 그뿐만이 아닙니다. 인목대비를 덕수궁에 가둘 것을 명하기도 했습니다.

광해군이 폭군이었다라는 말을 듣는 것은 자신의 잘못도 있지만 그 옆에 대신들의 음모 때문이기도 했습니다.

"상감 마마, 결단이 필요할 때입니다. 왕권을 강화하기 위해서는 장차 적이 될 수 있는 인물들을 미리 처단하는 게 현명할 것입니다."

우여곡절 끝에 왕위에 오른 광해군이었습니다. 또한 끊이지 않는 당파 싸움에 지쳐 있기도 했습니다. 그런 일들이 다시는 일어나지 않도록 하기 위해서라도 왕권을 강화시켜야만 했습니다. 그러나 그 때문에 광해군은 많은 사람들에게 미움과 시기를 받았습니다.

마침내 1623년 김류, 이귀, 김자점, 이괄 등이 중심이 되어 인조반정을 일으켰습니다.

"명나라에 대한 의리를 저버린 왕이다!"

"계모와 형제를 죽인 왕이다!"

그들은 이런 두 가지 이유로 난을 일으켰습니다. 그러나 그것은 단순한 변명일 뿐이었습니다. 그들은 광해군에 대한 개인적인 원한을 갖고 있었던 것입니다.

광해군은 마침내 강화도로 귀양살이를 떠나게 되었습니다.

광해군의 뒤를 이어 능양군이 왕위에 올랐습니다. 바로 인조 대왕입니다.

광해군과 부인 유씨는 강화도 동문 쪽에, 폐세자(폐위된 세자: 광해군의 아들)와 세자빈은 서문 쪽에 서로 흩어져 살아야 했습니다.

왕실에서 광해군을 강화도로 귀양 보낸 것은 감시하기가 쉽기 때문이었습니다.

폐세자와 세자빈은 원통하기 그지 없었습니다.

"부인, 뭔가 수단을 써 봅시다. 이 곳에 남아 섬귀신이 될 수는 없는 노릇 아니겠소."

폐세자는 날마다 기회를 엿보았습니다.

그러던 어느 날 파수병의 감시가 소홀한 틈을 타 담장을 뚫고 밖으로 빠져나갔습니다. 그러나 금방 잡히고 말았습니다.

그의 손에는 은 덩어리와 쌀밥, 황해도 감사에게 보내는 편지가 있었습니다. 평양 감사와 합의하여 정권을 빼앗은 세력을 다시 몰아내려고 했던 것입니다.

이 사실은 금방 조정에 알려졌습니다.

"당장 끌어들여 사형에 처해야 하옵니다."

"언제 반란을 일으킬지 모르는 자들이옵니다."

대신들은 인조 임금 앞에서 모두 광해군 가족을 죽여야 한다고 주장했습니다.

"내 스스로 목숨을 끊으리라."

멀지 않아 사형을 당할 것이라고 예감한 폐세자는 스스로 목숨을 끊고 말았습니다. 세자빈 박씨도 이 사건으로 죽음을 당하였습니다.

이렇게 해서 아들과 며느리를 한꺼번에 잃은 광해군은 일년 반쯤 뒤에 아내 유씨와도 사별하게 되었습니다.

광해군은 가족을 잃고 혼자 남아 18년 동안 귀양살이를 했습니다. 그 세월 동안 몇 번 죽을 고비도 넘겼습니다.

인목대비는 죄 없는 영창대군을 죽인 광해군을 절대 용서할 수 없었습니다.

또한 아직도 광해군을 미워하는 세력들은 어떻게든 광해군을 죽이려고 했습니다.

그러나 인조 반정 이후 다시 영의정에 제수된 이원익의 반대와 마음속으로 광해군을 따르던 관리들에 의해 살해 기도는 모두 실패로 돌아갔습니다.

광해군이 시련을 당하고 있다는 말에 1636년에는 청나라의 부대가 쳐들어온 일도 있었습니다.

광해군의 원수를 갚겠다는 것이었지요.

청나라는 한때 광해군의 도움을 받은 적이 있었거든요.

그러자 조정에서는 그를 교동으로 옮겨 살해하라고 지시했습니다. 이 때, 그 일을 맡은 사람은 경기 수사였습니다.

하지만 경기 수사는 광해군을 보호했습니다. 예전에 광해군에게 입은 은혜 때문이었습니다.

광해군은 다시 제주도로 귀양을 떠나야 했습니다. 그러나 한 번도 희망을 잃지 않았습니다. 언젠가는 다시 왕의 자리에 오를 수 있을 것이라는 믿음 때문이었지요.

그러나 1641년, 귀양 생활 18년 만에 그는 생을 마치고 말았습니다. 그의 나이 예순일곱이었지요.

"나를 어머니 묘 아래 쪽에 묻어 주게."

광해군은 죽기 직전 그렇게 유언했습니다.

조정에서는 유언대로 경기도 남양주에 그를 묻어 주었습니다.

광해군은 15년 동안 임금의 자리에 있었습니다. 폭군이라는 오명을 쓰고 세상을 마감했지만 왕의 자리에 있는 동안 한 일도 많았습니다.

역사에 관한 기록이나 중요한 서적을 감추어 두던 정부의 창고를 정비하고 성지와 병기를 수리하게 했습니다. 또한 호패제를 실시하기도 했습니다. 호패제란 열여섯 살 이상의 남자가 차던 직사각형의 패인데 성명, 나이, 태어난 해의 간지를 새기고 관아의 낙인을 찍은 것을 말합니다.

밖으로는 국경 방비와 외교에 힘을 쏟았습니다.

1619년 후금의 누루하치가 심양 지방을 공격하여 명나라의 출병 요구가 있었습니다.

광해군은 강홍립, 김경서를 보내어 명군을 원조하게 하면서 형편을 보아 해동에 옮기라는 명령을 내렸습니다.

명나라의 모문룡이 패주하자 강홍립은 재빨리 후금에 항복하였습니다.

"결코 본의가 아닌 출병이었습니다."

그렇게 해서 후금의 침략을 모면하는 등 명과 후금 두 나라 사이에서 탁월한 양면 외교정책을 실시하기도 했습니다.

행주대첩의 영웅 권율

"여보게, 무엇하러 과거 공부를 하는가? 자네 아버님이 영의정 아니신가? 그깟 과거 아니래도 얼마든지 벼슬길에 나설 수 있을 거 아닌가. 답답한 친구하고는……."

놀기 좋아하는 친구들은 과거 준비를 하고 있는 권율을 찾아가 곧잘 그런 말을 하고는 했습니다.

"예끼, 이 사람아! 아버지 힘으로 벼슬에 오르길 바라는 사람을 어찌 사내 대장부라 할 수 있겠는가?"

권율은 단호하게 말했습니다. 아무리 권세가 높

아도 그걸 이용해 출세를 한다는 것은 비겁하다고 여겼던 것입니다.

1582년 선조 15년에 권율은 마침내 식년 문과에 병과로 급제하였습니다. 식년 문과란 조선 시대에 3년 만에 한 번씩 정기적으로 시행된 과거시험을 말합니다.

1592년, 선조 25년에 임진왜란이 일어났습니다.

일본의 도요토미 히데요시(풍신수길)는 15만 대군을 이끌고 부산에 상륙했습니다.

"명나라를 치려고 하니 조선은 길을 빌려 달라!"

"이 나라를 짓밟으려는 뻔한 속셈에 넘어갈 줄 알았더냐."

조정에서는 한마디로 거절을 했습니다.

"그렇다면 할 수 없다. 무력으로 나올 수밖에."

왜적들은 죄 없는 백성들부터 괴롭히기 시작했습니다.

2백여 년 동안 전쟁이라고는 모르고 지내온 조선의 병사들은 허수아비처럼 나가떨어졌습니다.

경상도 일대를 지키고 있던 군의 책임자들은 왜

구가 침략했다는 말을 듣고 허겁지겁 도망치기에 바빴습니다.

다급해진 조정에서는 왜군을 당할 만한 인물을 물색하였습니다. 우선 신입과 이일을 전장에 내보내 왜군과 싸우게 했습니다.

권율도 임금의 명을 받고 전쟁터로 떠났습니다.

이미 서울도 빼앗기고 개성까지 빼앗긴 뒤였습니다. 선조 임금도 왜구를 피해 멀리 북쪽으로 피난을 떠났습니다.

"무엇보다도 서울을 되찾는 일이 시급하오. 우리가 만약 적의 후방 보급로를 끊어 놓을 수 있다면 그 일은 가능할 거요."

전라도, 충청도, 경상도에서 군사를 지휘하는 장수들은 거듭 회의를 하였습니다.

한편 적군들은 우리 군사들의 움직임을 주의깊게 지켜보며 장차 남으로 내려갈 계획을 세우고 있었습니다.

"전라도와 경상도 땅은 곡창지대이다. 또한 전쟁 물자가 전해지는 길목이니 우리 일본군이 이 곳을 점령해야만 한다!"

이즈음에 전라도에서 올라온 권율은 한강을 건너 행주산성에 진을 치고 있었습니다.

"그깟 허수아비 같은 군대야 칼 한 자루로도 충분해!"

적의 총사령관은 기세 좋게 큰소리쳤습니다.

권율 장군은 우선 싸움에 유리하도록 행주산성 주위로 울타리를 쳤습니다. 적들이 쉽게 성으로 들어오는 것을 막기 위해서였습니다.

"성 곳곳에 빠짐 없이 무기를 갖추라! 행주성 서쪽 한강 위에 병선을 준비하고 화살을 가득 채워 두라!"

1953년 2월 12일 새벽이었습니다.

매서운 겨울 바람은 그칠 줄 모르고 행주산성 주위에는 전운이 무르익고 있었습니다.

"적들이 행주성으로 쳐들어오고 있습니다."

날쌘 병사 하나가 가쁜 숨을 내쉬며 권율 장군에게 보고했습니다.

저 너머 들판 가득, 적들은 깃발을 휘두르며 벌떼처럼 몰려오고 있었습니다.

왜장 우키타는 부하들을 향해 소리쳤습니다.

"아침밥은 적군을 해치운 후에 영광스럽게 먹도록 하자!"

권율은 적의 부대가 몰려오는 것을 차분히 바라보며 병사들에게 작전 명령을 내렸습니다.

"아마 적들은 자신의 군사들이 훨씬 많다는 걸 믿고 방심한 상태일 것이다. 적이 수만여 명에 이르는데 우리는 4천여 명밖에 되지 않는다. 그러나 우리가 목숨을 걸고 싸운다면 수십 만 대군도 대적할 수 있을 것이다. 무엇보다도 내가 명령을 내릴 때까지 울타리 속에서 꼼짝도 하지 말라!"

어느덧 해가 동녘 하늘을 물들이고 있었습니다.

적군은 세 방면으로 나뉘어 진격하고 있었습니다. 점점 가까이 접근하더니 산성을 빙 둘러싸는 것이었습니다.

포위망을 점차 좁혀 오던 적군이 울타리 바로 앞까지 다가왔을 때였습니다.

"쏴라!"

권율 장군의 명령이 떨어지자마자 우리 군사들은 무섭게 함성을 지르며 활을 쏘고 큰 돌을 아래로 굴렸습니다.

적군들은 쏟아져 내리는 돌과 화살 때문에 싸워 보지도 못하고 점멸해 갔습니다.

"잠시도 쉬지 말고 화살을 당겨라!"

권율 장군은 우렁찬 목소리로 병사들의 사기를 북돋웠습니다.

왜구들은 물러났다 다시 몰려들기를 거듭했지만 번번이 실패만 했습니다.

"불화살을 쏘아라!"

권율의 명령을 기다린 것처럼 불화살이 어지럽게 날았습니다.

왜구들은 뜨거운 불화살 공격을 당할 수가 없어 다시 도망을 쳤습니다.

어느 새 해가 서산으로 기울고 있었습니다.

이번에는 왜구들이 횃불을 들고 몰려왔습니다. 왜장이 힘껏 외쳤습니다.

"울타리를 태워라!"

왜구들은 불타는 갈대와 횃불을 울타리와 성 안으로 휙휙 던졌습니다.

"당황하지 말라! 물을 부어 불을 꺼라!"

권율 장군은 침착하게 명령하였습니다.

얼마 후에 불은 꺼졌지만 울타리의 일부는 불에 타서 무너졌습니다.

"자, 모두 힘을 다해 무너진 울타리를 넘어 진격하라!"

왜장 우키타는 부하들에게 명령을 내렸지만 어딘지 모르게 지쳐 있는 것 같았습니다.

"이제야 때가 됐다. 적들은 지칠대로 지쳐 있으니 모든 병사들은 일제히 몰려 나가 적들을 무찌르도록 하라!"

"와와!"

우리 병사들은 성문을 박차고 물밀 듯이 쏟아져 나갔습니다. 왜구들은 사기가 치솟은 우리 병사들의 칼에 맥없이 나가 떨어졌습니다.

권율 장군은 이 싸움에서 크게 승리하였습니다. 적군의 시체는 2만 4천여 구에 이르렀고 그대로 두고 달아난 무기와 군량미 등은 이루 헤아릴 수 없이 많았습니다.

이 싸움이 바로 유명한 '행주대첩' 입니다.

그 소식을 들은 선조 임금은 권율을 크게 칭찬하며 '자헌 대부' 라는 벼슬을 내렸습니다.

명나라의 여러 장수들도 권율 장군의 위대함을

입이 마르도록 칭찬했습니다.

"권 장군은 보기 드문 훌륭한 장수요. 권 장군이야말로 도탄에 빠진 조선을 구해 낼 신하이고 나라를 지켜 낼 명장수요."

이 후에도 권율 장군은 언제나 싸움터에 머물면서 병사들과 함께 했습니다.

그렇게 싸움터에서 7년을 지냈습니다.

"이제는 고향으로 돌아가고 싶구나."

권율은 그렇게 중얼거렸습니다. 건강이 많이 나빠진 상태라는 것을 권율은 누구보다 잘 알고 있었습니다. 권율은 임진왜란 7년 간 군대를 총지휘한 장군으로 바다의 이순신 장군과 함께 역사에 길이 남을 인물입니다. 그는 1599년 예순셋의 나이로 세상을 떠났습니다. 그러나 권율은 세상을 떠난 뒤 영의정에 추증되었습니다.

추증이란 나라를 위해 산 사람에 대해 죽은 뒤 그 관직을 높여주는 제도입니다.

선조 37년에 선무공신 1등에 영가부원군으로 추봉되어 충장사에 배향되었습니다.

대한 독립을 염원하며
백범 김구

네 소원이 무엇이냐고 하나님이 물으신다면,
"내 소원은 대한의 독립이오."라고 대답하겠소.
만약 하나님이 두 번째 소원을 물으신다면,
"우리 나라의 자주 독립이오."라고 외치겠소.
하나님께서 마지막 소원을 묻는다 해도,
"내 소원은 우리 대한의 완전한 자주독립이오."라고
말할 것이오.

이 글은 〈백범일지〉에 나오는 말이랍니다. 〈백범

일지〉는 김구 선생이 쓰신 자서전이지요.

김구는 1876년 황해도 해주에서 태어났습니다. 백운방 텃골이라는 마을이었지요.

어머니는 아기를 낳으면서 무척 애를 먹었습니다. 배가 아프기 시작한 지 이레가 지났는데도 아기가 태어나지 않았기 때문입니다.

이웃 사람들이 걱정이 되어 찾아왔습니다.

"옛부터 아버지 되는 사람이 길마를 머리에 쓰고 지붕에 올라가 소처럼 울면 아기가 태어난다고 했어."

길마란 짐을 싣기 전에 소의 등에 얹는 안장을 말합니다.

아버지는 그렇게 하기로 했습니다. 그러자 정말로 아기가 태어났습니다.

"응애! 응애!"

아기의 울음 소리는 참으로 우렁찼습니다. 이제 막 태어난 아기 같지 않았습니다.

아버지는 아기 이름을 창암이라고 지었습니다.

창암은 이렇게 어렵게 태어났지만 몸이 남달리

튼튼했습니다. 고집도 보통 센 게 아니었지요. 또 장난꾸러기에다 소문난 개구쟁이였습니다.

강령 바닷가로 옮겨 와 살 때의 일입니다.

어느 날 아버지는 돈 주머니를 아랫목 이부자리 속에 감추어 두었습니다. 다섯 살짜리 창암은 우연히 그 장면을 보게 되었습니다.

"아, 저걸로 떡을 사 먹었으면!"

창암은 부모님이 모두 밖으로 나가기만을 은근히 기다렸습니다. 드디어 아무도 없게 되자 창암은 주머니에서 돈을 꺼내 쏜살같이 밖으로 나갔습니다. 창암은 동구 밖 떡집을 향해 달음질쳤습니다.

"이놈! 그거 어디서 난 돈이냐?"

동네 할아버지께서 창암이 돈을 많이 가지고 있는 것을 수상히 여겼어요.

창암은 꿀먹은 벙어리가 되어 아무런 말도 할 수 없었습니다.

"이 녀석! 어른들 몰래 돈을 훔쳐 왔구나. 내 너희 아버지에게 알려 혼구멍을 내주리라!"

할아버지는 이 사실을 아버지에게 알렸습니다.

"이런, 고얀 놈 같으니!"

화가 나신 아버지는 창암의 귀를 잡고 세게 당겼습니다.

"아야야……. 아버지 아파요."

"아버지라고 부르지도 마라. 돈을 훔쳐 떡을 사 먹겠다고?"

"잘못했어요. 다신 안 그럴게요."

창암은 두 손을 모아 빌었습니다. 그래도 아버지는 아들을 용서하지 않았습니다.

이웃집 할아버지가 달려와 아버지를 말렸습니다. 그제야 아버지는 매를 놓았습니다.

"어른 몰래 나쁜 짓을 하면 매를 맞는 법이다."

할아버지는 창암에게 이렇게 타일렀습니다.

이렇게 장난이 심한 창암도 나이가 들면서 차츰 의젓해졌습니다.

어느 날입니다.

"창암이가 해주에서 태어났다며? 우리 해주 놈 한번 혼내줄까?"

같이 놀던 아이들이 갑자기 창암을 놀렸어요. 그

러더니 떼거리로 창암에게 덤벼들었습니다.

아무런 까닭도 없이 창암은 코피를 터져가며 맞아야 했습니다.

'힘없이 당하고만 있는 것은 비겁한 짓이야. 맞설 수 있는 용기가 필요해.'

창암은 그 날의 경험을 가슴에 깊이 새겼습니다.

창암의 아버지는 학식이 그리 높지 않았습니다. 성품 또한 호탕하고 술을 아주 좋아했습니다. 그래서 창암의 교육은 어머니 몫이었습니다.

철이 든 뒤부터 창암은 열심히 공부하기 시작했습니다. 부지런히 한글을 배워 이야기 책을 읽을 수도 있게 되었습니다.

천자문은 줄줄 욀 정도였습니다.

"창암아, 우리 집안은 안동 김씨의 양반 가문이란다. 그러나 선조께서 역적으로 몰리는 바람에 숨어서 살아야 했단다."

아버지께 그런 말을 들은 창암은 더 열심히 공부해 집안을 다시 일으키리라 굳게 결심하였습니다.

17세 되던 해, 이름을 창수로 바꾸었습니다.

창수는 그 해 과거를 치르러 해주를 향해 길을 떠났습니다. 고종 29년인 1892년 해주에서 경과가 열렸던 것입니다. 경과란 나라에 경사가 났을 적에 임시로 보는 과거입니다. 이 해의 경과는 우리 나라에서 마지막으로 열렸던 과거였답니다.

"이보게 창수. 자네는 과거 시험에서 내 글을 그대로 베끼면 되네!"

같이 길을 나선 선배인 정 선생이 창수를 생각해서 그렇게 말했습니다. 창수는 무엇보다도 과거에 합격해 집안을 다시 일으키고 싶은 마음이 간절했습니다. 그러나 이런 좋지 못한 방법까지 동원해야 한단 말인가? 설사 그렇게 되더라도 그 다음에 내게 남는 건 무엇일까? 그것은 치욕이 아니더냐!

창수의 양심이 우선 허락을 하지 않았습니다. 그 길로 창수는 과거를 깨끗이 포기했습니다.

창수는 자신의 뜻을 아버지에게 솔직히 말씀드렸습니다.

"그럼 관상이나 풍수 공부를 하려므나. 관상을 잘 보면 성인 군자를 만나 스승으로 모실 수도 있고, 풍수를 잘 배우면 조상의 무덤을 명당 자리에 써서 자손이 부귀영화를 누릴 수도 있을 것이다."

아버지 말씀대로 창수는 〈마의상서〉와 〈손오병서〉를 연구하기 시작했습니다. 그러나 그것들도 자신이 원하는 것이 아니었습니다.

창수는 다시 책 속에 파묻혔습니다.

'얼굴이 아무리 잘 생겼어도 몸이 튼튼한 것만 같지 못하고, 몸이 아무리 튼튼해도 마음 착한 것만 같지 못하다.'

이 글귀를 창수는 몇 번이고 되풀이해서 읽었습니다.

"그렇다! 마음이 착한 사람이 되자!"

그리고 유난히 그의 가슴을 울리는 구절도 있었습니다.

'눈 앞에 태산이 무너지더라도 마음이 가볍게 움직여서는 안 되며 병사 졸병과 더불어 단 일이나 쓴 일이나 다같이 하고, 나가고 물러감을 범과 같이 하며, 남을 알고 나를 알면 백 번 싸워도 지지 않으리라.'

이 글을 읽고 난 후, 창수는 무릎을 탁 쳤습니다.

"이 글귀야말로 윗사람 노릇을 할 적에 명심해 두어야 할 것이다."

이 글귀는 그의 평생을 통해 잠시도 잊지 않았던 교훈이 되었습니다.

18세 되던 해에 창수는 아버지의 승낙을 받고 동학에 입도하였습니다. 동학은 인내천 사상을 중심으로 하늘의 뜻을 받드는 백성들의 종교였지요.

이 때, 창수는 동학 접주(동학 교구의 책임자)가 되어 많은 동학 교도들을 지도하였습니다. 나이가 제일 어린 탓에 창수는 애기 접주라는 별명을 얻게 되었지요.

이듬해에 전라도 고부에서 녹두장군 전봉준을 중심으로 동학도들이 군사를 일으켰습니다.

그 고을의 동학교도들이 양반 세력에게 많은 피해를 입고 있었는데 더 이상은 참을 수 없을 지경에 이르러 있었기 때문입니다.

창수는 비록 어렸지만 용기와 결단력이 뛰어났습니다. 사람들은 이런 창수를 황해도 동학군의 선봉장으로 추대했습니다.

선봉장으로서 동학군을 훈련시켜야만 했습니다. 아무리 수가 많아도 오합지졸이라면 싸울 수가 없기 때문입니다.

창수는 구월산으로 동학군을 이끌고 들어갔습니다. 구월산은 험한 기슭과 넓은 능선이 조화를 이루고 있어 군사 훈련에는 제격이었지요.

그러나 전봉준이 체포되고 그와 동시에 동학의 불씨가 꺼져 버리고 말았습니다. 창수도 일본군에 쫓겨 만주로 피신해야 할 상황이었습니다.

하지만 다음 해 다시 귀국했습니다. 일본인들에게 명성황후가 시해당한 사건 때문이었습니다.

"국모를 시해한 원수놈을 내 손으로 기필코 죽일 것이다."

창수는 일본군 중위 쓰치다를 살해했습니다. 그 사건으로 사형 선고를 받았지만 고종 황제의 특사로 감형되었습니다.

같은 감방의 죄수들은 창수를 무척 존경했습니다. 비록 죄수들이었지만 일본인에 대한 증오는 다를 게 없었지요.

"창수, 자네는 이 곳에 묶여 있어서는 아니 되네. 내 듣기로는 일본인들이 농간을 부려 자네의 석방이 늦어지고 있다고 하네. 자네는 이 곳을 벗어나 민족을 위해 싸워야 해!"

같은 감방의 사람들은 창수를 탈옥시키려고 했습

니다. 결국 치밀한 준비 끝에 창수는 탈옥에 성공하게 되었지요.

감옥에서 뛰쳐나온 창수는 삼천리 방방곡곡을 떠도는 방랑객이 되었습니다.

머리를 깎고 계룡산 절로 들어가 중이 되기도 하였지요. 하지만 절에서 평생을 보내고 싶은 생각은 처음부터 없었습니다. 거기서는 창수라는 본명으로 행세하기가 불편했기 때문에 이름을 아홉 '구'로 고쳤습니다.

김구라는 이름은 이 때부터 생긴 것입니다.

기미년 3월, 백범 김구는 큰 뜻을 품고 중국으로 떠났습니다.

중국의 상하이에는 대한 민국 임시 정부가 위치해 있었지요. 대한 민국 임시 정부는 당시 독립 운동의 심장부였습니다.

백범은 안창호 내무총장을 찾아가 꾸벅 인사를 했습니다.

"선생님, 제가 이 곳에서 일하도록 해 주십시오! 임시 정부의 문지기라도 좋으니 시켜만 주십시오."

안창호 선생은 백범 김구를 위 아래로 훑어 보고는 말했습니다.

"원, 사람도. 자네같이 대장부의 풍모를 지닌 사람이 문지기를 해서야 되겠나. 우리 한번 조국을 위해 힘껏 일해 보세!"

이렇게 해서 백범은 임시 정부의 요원이 되었습니다.

백범의 결단력과 총명함은 그 곳에서도 빛을 발휘하였지요.

1927년 11월 백범 김구는 국무령으로 선출되었습니다. 국무령은 임시 정부의 최고 수령입니다.

무엇보다도 백범은 우리 민족에게 저력이 있다는 것을 세계만방에 보여주고 싶었습니다. 그래서 '한인 애국단'을 조직하였습니다.

어느 늦은 밤에 애국단에 한 젊은이가 문을 두드렸습니다. 이봉창 의사였습니다.

"앉게나. 자네의 임무는 이미 알고 있겠지?"

백범은 따뜻하면서도 힘있게 물었습니다.

"그렇습니다, 선생님. 하늘이 두 쪽 나는 한이 있

더라도 일을 성사시키겠습니다."

"고마우이. 이번 임무가 성공하면 왜놈들도 우리를 더 이상 얕보지 못할 걸세."

이렇게 하여 이봉창은 일본 천황을 암살하려는 뜻을 품고 동경으로 떠났습니다.

운명의 시간! 이봉창은 사쿠라다 문 앞에서 일본 황제를 향해 폭탄을 던졌지만 불행히 암살에는 실패하고 말았습니다.

1932년 10월 10일, 이봉창 의사는 일본 감옥의 단두대에서 목이 잘리었습니다.

그 날, 백범은 애국단 단원들과 단식을 하며 그의 장렬한 죽음을 추모하였습니다.

4월 29일, 홍코우 공원에는 일본의 고위 관료들이 모여들었습니다. 일본 천황의 생신을 축하하기 위해서였습니다.

윤봉길이란 젊은이는 시계를 쳐다보았습니다.

"오십 분, 아직 십 분 남았군. 내 꼭 임무를 완수하리라."

그러면서 윤봉길은 폭탄을 만져보았습니다.

12시가 가까웠을 때, 윤봉길은 폭탄을 치켜들었습니다. 그리고는 축하장의 한가운데를 향해 힘껏 던졌습니다.
"콰과광!"
식장은 순식간에 아수라장이 되었습니다. 일본의

많은 고위 관리들은 피를 흘리며 쓰러졌습니다.

이 의거를 윤봉길 의사의 '홍코우 폭탄 사건'이라고 합니다.

백범의 지시에 의한 이 의거는 독립 운동사에 길이 남을 만한 승리였지요. 또한 이 사건은 일본인의 간담을 서늘하게 만들었답니다.

한편, 백범이 이끄는 독립군은 게릴라전에 능하였습니다. 한번은 중국에 주둔한 일본군을 공격하여 크게 성공을 거둔 적도 있었지요.

이 공격으로 타격을 입은 일본 군대는 백범을 체포하기 위해 혈안이 되었습니다.

거액의 현상금이 백범의 목에 내걸리게 되었지요. 백범은 신변의 위협을 느끼지 않을 수 없었습니다.

"각지를 돌아다니면서 독립 운동을 펼치겠소."

백범은 그 길로 중국 각지를 옮겨 다니며 독립 운동을 했습니다.

1945년 8월 15일, 일본이 항복했다는 기쁜 소식이 백범에게 전해졌습니다.

"이제는 고국으로 돌아가리라."

백범은 꿈에도 그리던 고국으로 돌아올 수 있었습니다. 27년 만이었습니다.

그러나 해방의 기쁨도 잠시였습니다. 이 나라에 다시 먹장구름이 드리워진 것입니다. 신탁통치로 인해 나라가 두 동강이 날 지경이었습니다.

"그럴 순 없다! 어떻게 되찾은 조국인데, 두 동강이라니!"

백범은 신탁통치를 결사 반대하였습니다. 밤에는 잠을 이룰 수가 없었지요.

"안 되겠다. 내가 북쪽으로 넘어가 그 쪽 대표와 담판을 지으리라!"

조국을 통일하고자 김구는 위험을 무릅쓰고 삼팔선을 넘어갔습니다. 하지만 헛수고가 되고 말았습니다.

1948년 8월 15일, 대한 민국 정부가 수립되고 초대 대통령으로 이승만 박사가 취임하였습니다.

소련이 지배하고 있는 북한과 언제 전쟁이 터질지 모를 만큼 불안한 상태였지만 나라는 그런대로 안정을 찾아가고 있었습니다.

하지만 1949년 6월 26일 12시 50분경, 요란한 총소리가 하늘을 울렸습니다. 그리고 그 총소리와 함께 이 나라의 큰 별 하나가 지고 말았습니다.

육군 포병 소위 안두희가 쏜 총에 백범 김구는 피를 흘리며 쓰러졌던 것입니다.

천재 화가 김홍도

 김홍도는 1745년 영조 21년에 가난하고 평범한 가정에서 태어났습니다.
 어려서부터 홍도는 그림에 대해 남다른 소질을 지니고 있었습니다.
 홍도는 틈만 나면 산과 들로 나가 아름다운 풍경을 구경하고는 했습니다. 푸르름에 싸인 산봉우리, 골짜기를 흐르는 수정같이 맑은 물, 나무와 풀을 비춰주는 따뜻한 햇살, 모두 아름다운 것들뿐이었습니다.
 홍도는 그런 아름다운 광경을 영원히 남기고 싶

었습니다.

 들녘에서 등을 구부리고 이삭을 줍는 사람들, 콧노래를 흥얼거리며 소를 몰고 가는 목동, 시장통에서 물건을 파는 사람들, 모두모두 그림으로 옮기고 싶었습니다.

 그 중에서도 어린 홍도의 마음을 온통 빼앗은 것은 평화로운 세상과 순수하고 여유로운 시골 사람들의 모습이었습니다.

 '아, 이렇게 아름다운 풍경을 내 손으로 그려낼 수 있다면…….'

 홍도는 넋을 잃은 듯 그 풍경을 바라보고는 했습니다.

 어느 날이었습니다. 홍도는 결심을 하고 붓을 들었습니다. 그리고 한 폭의 그림을 그렸습니다.

 지나가던 동네 어른이 그 그림을 우연히 보게 되었습니다.

 "아니, 홍도야. 이걸 정말로 네 손으로 그렸단 말이냐?"

 "예."

홍도는 부끄러워서 머리를 긁적였습니다. 정말 잘 그려서 칭찬을 하는 것이 아니라 너무 못 그리니까 그렇게 말하는 것 같은 기분도 들었습니다.
"잘하면 우리 동네에서 천재 화가가 나겠구먼."
"정말이세요?"
홍도는 기뻐서 눈을 빛내며 물었습니다.
"그래. 나는 여지껏 너처럼 그림 잘 그리는 사람을 못 보았다."
홍도는 너무도 기뻐 비명이라도 지르고 싶은 심정이었습니다.
날이 갈수록 그림에 대한 홍도의 열정은 커져 가서 그는 보다 깊이 있게 그림 공부를 하고 싶었습니다.
"쯔쯔, 어린 것이 저토록 그림을 공부하고 싶어 하는데 형편이 이래서……."
부모님들도 홍도의 그림 공부를 뒷바라지 해 주고 싶었지만, 가난한 살림살이로는 어림도 없었습니다.
"염려마세요. 혼자서라도 열심히 그림을 공부하

면 되니까요."

부모님의 심정을 헤아린 홍도는 부모님을 안심시켜 드리기 위해 그렇게 말씀드렸습니다.

그 날부터 홍도는 좋은 그림을 지니고 있다는 집 대문을 두드렸습니다.

"어르신께서 좋은 그림 작품을 지니고 계시다길래 이렇게 찾아왔습니다. 제가 볼 수 있도록 허락해 주십시오."

"허허! 어린 것이 그림에 대한 욕심이 많구나. 좋다, 그렇게 하려므나!"

찾아간 집 주인들은 마다하지 않고 홍도를 도와주었습니다.

그림 앞에 선 홍도는 제대로 숨도 쉬지 않고 작품을 살폈습니다. 어느 한 부분도 놓칠까 봐 잔뜩 긴장을 했으니까요.

이름 난 화가의 그림만 보지 않았습니다. 이름도 없고 유명하지도 않은 화가의 그림도 눈여겨보았습니다.

선, 여백, 색상 등 세밀한 부분까지 자세히 관찰

하느라 한 작품 앞에서 하루 해가 모자랄 때도 있었습니다.

그렇게 살핀 후에는 여러 작품들의 차이에 대해 곰곰이 따져 보았습니다.

어느 날 문득 홍도는 지금까지 관찰한 그림들이 공통점을 지니고 있다는 것을 알았습니다.

모두 비슷한 모양의 산과 시내, 그리고 같은 모양새의 사람들만 그려놓은 것들뿐이었습니다.

그림을 그리는 방법에 있어서도 멀고 가까움의 차이가 명확하지 않았습니다. 어떤 그림 속의 풍경들은 하나같이 멀리 있는가 하면 어떤 그림 속의 사물들은 모두 다 손이 닿을 정도에 위치해 있었습니다.

뿐만 아니라, 그림 속에 그려진 인물들은 한결같이 화려한 옷을 입고 권세가 당당한 사람들이 지을 수 있는 표정을 하고 있었습니다.

"아름다운 모습이나 돈 많은 사람들을 그린 그림만 좋은 그림이라고 할 수 없어."

홍도는 그렇게 생각했습니다. 초라하더라도 그

속에서 풍겨나오는 따뜻함이 더 아름다운 것이라고 말입니다. 또한 돈 많고 권세 높은 양반보다 하루하루 힘겹게 살지만 용기와 희망을 잃지 않는 다정한 이웃들의 모습이 더 아름다울 것입니다.

'왜 지금까지의 그림 속에 사람들은 하나같이 지체 높은 양반뿐일까?'

홍도는 시골 백성들의 티 없이 순박한 모습을 생생하게 그려내고 싶었습니다.

'그들이야말로 얼마나 참된 인간인가?'

그러던 어느 날 김홍도에게도 뜻하지 않던 스승이 나타났습니다.

화가로 이름을 떨치고 있던 김응환이란 분이었습니다.

"자네가 김홍도인가?"

사람을 시켜 홍도를 집으로 불러들인 김응환은 자상하게 물었습니다.

"자네의 그림을 보니 다른 사람 것과는 많이 다르더구만. 대부분의 화가가 양반을 즐겨 그리는데, 자네는 촌백성에게 관심이 더 많더구만. 그거야 자네 나름의 판단이니 가타부타할 수 없는 노릇이고 이렇게 자네를 부른 것은 무엇보다 자네의 그림엔 천재적인 소질이 엿보여서라네. 내 장담하건대, 자네는 장차 이 나라의 뛰어난 화가가 될 걸세!"

이렇게 하여 홍도는 스승 김응환 밑에서 본격적으로 그림 공부를 하기 시작했습니다.

김홍도의 재능은 하루가 다르게 발전해 갔습니다. 나날이 발전해 가는 김홍도의 그림 솜씨에 스승 김응환은 몹시 흡족했습니다.

하루는 친구들을 모아 두고 제자의 솜씨를 자랑하기도 하였습니다.

"어떤가? 홍도의 그림이."

"어허, 내가 보기엔 홍도가 스승인 자네의 경지를 이미 넘어선 듯하네. 자네야말로 복 받은 스승이구먼! 그렇지 않은가?"

모두들 김홍도의 그림을 보고 칭찬을 아끼지 않았습니다.

김홍도의 빼어난 그림 솜씨는 스승의 자랑으로 더욱 멀리 퍼져 나갔습니다.

김홍도의 그림 솜씨는 왕궁에까지 전해졌습니다.

드디어 1771년 영조 사십칠 년에 김홍도는 궁궐로 들어가 왕세손(뒤에 정조 대왕)을 그리게 되었습니다.

대궐 안 왕족이나 신하들, 그리고 궁녀들까지도 어린 화가 김홍도를 호기심 가득한 눈으로 바라보았습니다.

"과연 태자 마마의 초상을 저 어린 소년이 제대로 그려낼 수 있을까?"

"그야 두고 봐야지. 한 가지 분명한 건 쉽게 그리긴 어려울 것이야."

그러나 이게 웬일입니까. 붓을 든 김홍도는 한달음에 그림을 그려나가는 것이었습니다. 마치 물이 흐르듯 거침 없이 붓이 움직였습니다.

김홍도는 역시 천재였습니다. 소문대로 한 줄, 한 점도 소홀히 하거나 어긋남이 없었습니다. 휙휙 붓을 놀리는가 하면, 때로는 부드럽게 뻗어 내렸습니다. 정성을 가다듬어 내려 긋고 찍는 모습을 보고 모두들 입을 다물지 못했습니다.

"붓 움직이는 게 마치 용이 꿈틀거리는 것 같군."

이윽고 태자의 초상화가 완성되었습니다.

태자의 초상화를 받아 든 영조 임금은 흐뭇한 미소를 머금고 고개를 끄덕였습니다.

"훌륭한 솜씨로구나!"

나이가 좀 더 들자 김홍도는 정식으로 화원이 되어 그림을 공부하게 되었습니다.

그즈음 뛰어난 미술비평가로 이름난 강표암이란 인물은 어린 김홍도를 위하여 알맞는 제목을 붙여 주기도 하였고, 때로는 단원이란 호를 화폭에 직접 써 주기도 하였습니다.

이 시절 김홍도는 신선들의 여유로운 모습을 담아내는 데 관심을 기울였습니다.

세상에 때묻지 않은 높고 맑은 마음씨를 가진 신선을 그린다는 사실이 김홍도에게는 여간 즐거운 것이 아니었습니다.

예로부터 신선을 제대로 그리기 위해서는 그린 이의 마음 또한 신선처럼 고상해져야 한다는 말이 있습니다. 김홍도는 천성적으로 맑고 귀한 품성을 지녔기에 신선의 모습을 누구보다 잘 그려낼 수 있었습니다.

특히 신선이 피리를 부는 모습을 그린 〈선동취적도〉는 당대의 대가들마저 깜짝 놀라게 할 만큼 훌륭했습니다.

김홍도가 스무 살 무렵의 일이었습니다. 이즈음 일찍이 그가 초상화를 그렸던 정조 왕세자는 어느덧 할아버지 영조의 뒤를 이어 임금의 자리에 올라 있었습니다.

그러던 어느 해 정조는 김홍도를 다시 대궐로 불러들였습니다. 이번에는 임금이 된 자기 얼굴을 직접 그리도록 하기 위해서였습니다. 그러나 이번에는 김홍도 혼자만이 아니었습니다.

당시 이름을 떨치고 있던 나이 지긋한 김윤복과 신한평이라는 화가들과 같이 대궐로 불려 들어간 것입니다. 물론 이 나이 지긋한 화가들은 김홍도에 비하자면 굉장한 선배들이었습니다.

이것이 정조 5년인 1781년 여름의 일이었습니다. 임금은 세 사람을 불러 모은 뒤, 우선 자신의 얼굴을 한 폭씩 그려 보라고 하였습니다. 이 그림을 심사하여 가장 잘 그린 사람을 선발해 진짜 초상화를 맡기겠다는 생각이었습니다. 말하자면 김홍도는 대 선배들의 경쟁자로 나선 셈이었습니다.

세 사람은 최고의 정성을 들여 각각 한 폭씩의 임금님 얼굴을 그렸습니다.

드디어 9월 초하루, 임금의 초상을 그릴 화가를 발표하는 날이 되었습니다. 임금의 초상을 그린다는 사실은 화가로서 크나큰 영광이 아닐 수 없었습니다.

"누가 뽑힐까?"

주위 사람들의 관심 또한 대단했습니다.

"그야, 하늘만 알고 있는 일이지. 단지 어린 김홍도가 뽑힐 것 같지는 않네."

"내 생각도 그렇다네."

드디어 9월 3일.

"단원 김홍도가 어용을 그리게 되었소."

그 말에 놀라지 않은 사람은 아무도 없었습니다. 특히 신한평과 김윤복 두 사람은 벌어진 입을 다물지 못했습니다. 애송이 김홍도가 어용을 그리게 되리라고는 꿈에도 생각하지 못했기 때문입니다.

이렇게 해서 다시 김홍도는 정조의 초상을 그리게 되었습니다.

김홍도는 자신의 재능을 다 쏟아부어 16일 만에 정조의 초상화를 완성하였습니다.

"과연 그대의 재능은 신이 내린 것이로구나."

"황공하옵니다."

이렇게 뛰어난 그림 솜씨에 감탄한 정조는 그에게 현감 벼슬을 주어 그 재주를 기렸습니다.

마음이 바르고 세상 사람들처럼 돈과 권세를 탐내지 않았던 김홍도의 생활은 가난하기 짝이 없었습니다.

일생 동안 늘 그랬지만 그의 집안은 너무나 가난하여 아침 저녁으로 끼니를 잇기도 어려울 정도였습니다.

그러나 이러한 가난 속에서도 그는 결코 품위를 잃지 않았습니다.

푸른 창공과 같이 맑은 꿈을 지닌 그는 청초한 매

화와 기품 있는 난을 사랑하였습니다. 주위 사람들은 이러한 품성을 지닌 그를 일컬어 신선이라고도 하였습니다.

하루는 길을 가다 매화를 심은 화분 하나를 보게 되었습니다.

"호! 이 추위를 이기고 피어난 품새가 고상하기 이를 데 없구나! 여보시오. 이 매화 화분을 얼마에 넘기려오?"

"선비님, 매화 보는 안목이 높으십니다. 단돈 2천 냥만 내십시오."

그러나 그에게 돈이 있을 턱이 없습니다. 그 매화 화분을 꼭 갖고 싶었던 김홍도는 군침만 삼킬 수밖에 없었습니다.

어쩔 수 없이 김홍도는 그 길로 아끼던 그림 한 점을 팔았습니다. 그리고 그림 값으로 3천냥을 받았습니다.

"이걸로 매화를 살 수 있게 되었어."

김홍도는 그 길로 달려가 매화를 샀습니다.

매화를 산 후 가까운 친구들을 모조리 불러모았

습니다.

"이 아름다운 매화를 감상하라고 불렀네."

김홍도는 찾아온 벗들에게 술상을 대접했습니다. 술과 안주 값으로 나머지 천 냥은 금방 사라져 버렸습니다. 집에는 쌀 한 톨 없었지만 아깝다는 생각은 조금도 하지 않았습니다.

이렇듯 그의 인품은 그림을 통하여 자연스럽게 나타났습니다. 그의 많은 작품들은 여유있고 높은 기상으로 가득 차 있습니다.

일찍이 김홍도처럼 우리 나라의 부드러운 산천과 소박하고 진솔한 백성을 사랑한 화가는 없었습니다. 다른 많은 화가들은 중국의 그림을 흉내 내기에 급급했습니다.

그러나 김홍도는 달랐습니다. 우리의 구수한 풍습이나 인정을 아낌없이 그려냈습니다. 우리 것에 가장 가까운 그의 그림은 때로는 우습기도 하고, 보는 이의 눈물을 치솟게 하기도 했지요.

다만 천재에 그치지 않고 날이 가고 해가 바뀔수록 더욱 훌륭한 그림을 그려낸 김홍도는 그 뒤에도 수많은 걸작품을 만들어 냈습니다.

금강산에 들어가 아름다운 풍치를 화폭에 담았는가 하면, 새로운 방법으로 불화를 그리기도 했습니다.

천재적인 그림 솜씨로 일세를 풍미한 김홍도! 그런 그는 어느 날 풍진 세상을 뒤로 하고 어딘가로 훌쩍 떠나갔습니다.

많은 세상 사람들이 자신의 이름을 후세에 남기고 싶어한 것에 비해 김홍도는 그런 것에도 집착하지 않았습니다.

그래서 그가 언제 어디서 어떻게 생을 마감했는지 아는 사람은 아무도 없습니다.

다만 김홍도의 작품이 아직까지 남아 그의 뛰어난 예술혼과 고매한 인품을 짐작케 하고 있습니다.

그의 작품으로는 소림명월도, 신선도 병풍, 쌍치도, 무이귀도도, 낭구도, 군선도병, 선동취적도, 풍속화첩 등이 있습니다.

암행어사 박문수

  햇볕이 쨍쨍 내리쬐는 고갯길을 선비 하나가 걸어 가고 있었습니다. 도포자락은 너덜너덜 헤져 바람에 나부꼈습니다. 갓은 끈이 떨어져 머리에 간신히 걸쳐 있었습니다. 초라한 옷차림과 작은 몸집, 어디를 보아도 영락없는 거지꼴이었습니다.
  선비는 얼굴에 흐르는 땀을 연신 소매로 훔치며 걸음을 재촉했습니다. 마침내 선비는 고갯마루에 다다랐습니다.
  그런데 얼마 후, 그는 발걸음을 멈추어야 했습니다. 눈 앞에 시퍼런 바다가 펼쳐져 있었던 것입니다. 파도가 잔잔한 바다는 거울처럼 맑고 깨끗했습니다.

"정말 아름답구나. 이렇게 아름다운 산천이 내 눈 앞에 있다니……."

선비는 난생 처음 바다를 보기라도 한 것처럼 한동안 멍청히 서 있었습니다.

해변가에는 수십 채의 집들이 옹기종기 모여 촌락을 이루고 있었습니다. 집 앞으로 부드럽게 펼쳐져 있는 모래사장은 마치 지붕 위에 얹혀 있는 것처럼 보였습니다.

모든 광경은 너무도 고요하고 평화스러웠습니다.

그 때 바닷바람이 헝겊 조각 같은 그의 옷을 세차게 훑고 지나갔습니다. 그 바람에 갓은 저만큼 뒤로 날아가 버렸습니다. 선비는 허공에 손을 뻗쳐 보았지만 허사였습니다.

한참 만에 갓을 주워들고 다시 언덕에 올라섰을 때였습니다. 선비는 자신의 눈을 의심해야만 했습니다. 방금 전까지 하얗기만 하던 모래사장에 거뭇거뭇한 것들이 눈에 띄었기 때문이었습니다.

'허허, 저게 무얼까?'

그는 서둘러 모래사장으로 뛰어갔습니다. 모래사장에 들어선 그는 이곳저곳을 살펴보았습니다.

"허허, 검게 그을린 나무들과 옹기 그릇들이로구나. 이것들이 여기저기에 널려 있는 걸로 보아 누군가 일부러 버린 것 같진 않구나. 아니 저건 분명 대들보나 서까래를 받치는 기둥들이 아닌가. 그렇다면……."

선비는 바다로 눈을 돌렸습니다.

"아니, 세상에."

그는 그만 깜짝 놀라고 말았습니다. 허물어진 집들이 뼈만 앙상하게 남은 채, 둥둥 떠내려 오는 것이 아니겠어요?

"이제는 알겠구나. 북쪽 지방에서 큰 물난리가 난 게 분명하구나. 이러고 있을 때가 아니다."

선비는 무엇엔가 쫓기듯 바삐 걸음을 옮기기 시작했습니다.

마침내 그는 관청 앞에 다다랐습니다.

"이리 오너라!"

그 소리에 대문 한쪽이 살짝 열리더니 포졸 하나가 나왔습니다. 포졸은 이맛살을 찌푸리며 선비를 위아래로 훑어 보았습니다.

"관찰사 영감을 뵈러 왔다. 일이 급하니 빨리 들어가야겠구나."

"뉘시길래, 막무가내로 관찰사 어른을 만나시겠다는 거요?"

"그건 차후에 말할 것이니 빨리 비키거라!"

행색은 초라하지만 선비의 목소리는 위엄이 서려 있었습니다.

관찰사를 만난 선비는 품에서 무엇인가를 꺼내 보였습니다.

"아니, 이럴수가……."

관찰사는 순간 당혹스런 표정이 되었습니다. 그러나 곧 침착한 표정으로 돌아와 선비와 함께 방 안으로 들어갔습니다.

"어인 일로 경상도까지 먼 길을 행차하셨습니까?"

관찰사는 선비에게 공손히 물었습니다.

"강원도와 함경도 지방에 물난리가 난 게 분명합니다. 방금 전에 바닷가를 지나다 부서진 집들이 수없이 떠내려오는 것을 보았습니다. 지금 북쪽 지방 백성들은 물난리로 고생하고 있음에 틀림이 없소. 하루라도 아니 한시라도 빨리 곡식을 북쪽 지방에 공급해야 합니다."

관찰사는 놀란 듯이 눈을 동그랗게 떴습니다.

"그렇지만, 그걸 어떻게 확신한단 말입니까? 먼저 포졸 하나를 시켜 바닷가를 살펴보도록 하는 게 일의 순서인 듯합니다."

선비는 아무 말 않고 고개를 끄덕였습니다. 그러자 관찰사는 밖을 향해 소리쳤습니다.

"게 누구 있느냐? 지금 당장 바닷가에 갔다 오너라."

얼마 후 포졸 하나가 숨을 헐떡이며 바닷가에서 돌아왔습니다.

"영감 마님, 집들이 떠내려 오고 부러진 나무들이 바닷가에 잔뜩 널려 있습니다요."

포졸은 큰 일이라도 당한 듯 황급히 아뢰었습니

다. 그러나 관찰사는 다시 한 번 뜸을 들였습니다.

"북쪽에 홍수가 났더라도, 조정의 명령 없이 곡식을 함부로 다른 곳으로 옮기면 큰 화가 미칠 것입니다. 게다가 지금으로서는 물난리가 났는지 아니 났는지도 모르는 상태인데……."

관찰사는 선비의 표정을 살피며 말했습니다.

"북쪽의 백성들이 굶어 죽어도 좋단 말이오? 백성들이 죽어나가는데도 조정의 명령을 기다리고만 있어야겠소? 어찌 그리 답답하오! 지금 가장 급한 건 난리를 만난 사람들에게 한시 바삐 식량을 나눠 주는 일이오. 또한 북쪽까지 뱃길은 이 곳 경상도가 가장 유리하니 당신이 나서야 하오!"

선비의 말은 무를 자르듯 단호했습니다.

"하지만……."

"곡식을 당장 배에 실어 나르시오!"

선비의 목소리에는 이제 노기마저 서려 있었습니다. 관찰사는 허둥지둥 밖으로 나섰습니다.

"여봐라! 서둘러 곡식 창고를 열어라. 그리고 사람들을 불러 곡식을 배에 싣도록 하라!"

이렇게 하여 곡식을 실은 배들이 북쪽을 향해 떠나게 되었습니다.

한편 북쪽 지방에 닿았을 때 배에 탄 사람들은 놀라고 말았습니다. 선비의 추측대로 북쪽 지방에서는 큰 물난리가 났던 것이었습니다.

그즈음 함흥 감사는 안절부절 못했습니다. 물난리가 났는데 도무지 수습할 길이 없었기 때문이었습니다.

"나리, 이러고 계실 때가 아니옵니다. 조정에 편지를 띄워 경상도의 곡식을 급히 이송해 달라고 청해야 할 줄로 아옵니다."

"나도 알고 있다. 허나 편지가 조정에 도착하고, 조정에서 조처를 취하기까지는 몇 달이 걸릴지 모르는 일 아니냐. 지금 백성들은 하루 끼니가 아쉬운데……. 어쨌든 일단은 편지를 띄워 보자꾸나."

함흥 감사는 절로 속이 타 들어갔습니다.

그 날부터 함흥 감사는 목이 빠져라 곡식을 기다렸습니다.

여느 날과 마찬가지로 그 날도 함흥 감사는 한숨

을 쉬며 바다로 나갔습니다. 감사의 발걸음은 맥이 하나도 없어 보였습니다.

별 기대 없이 바다에 시선을 던진 함흥 감사는 갑자기 눈이 번쩍 뜨였습니다.

"여봐라, 저기 오는 게 무엇이냐?"

돛을 펼친 배들이 파도를 가르며 포구로 오고 있었습니다.

"배가 아니옵니까?"

"갑판에 쌓인 것들이 무엇이냔 말이다!"

"고, 곡식 같사옵니다."

순간 거기 모여 있던 관리들은 어리둥절해졌습니다. 보름이 채 지나지 않았는데, 곡식이 도착한 것이었습니다. 관리들은 눈을 비벼가며 배를 다시 바라보았습니다.

이윽고 배들이 포구에 도착했습니다. 흥에 겨운 사람들은 곡식을 삽시간에 육지에 내렸습니다.

선비의 용기와 지혜가 굶주림에 시달리고 있는 함경도 백성들을 살린 것이었습니다.

함흥 지방 사람들은 그 선비의 은혜에 보답하고

싶었습니다. 그래서 만세교 다리에 그 선비의 이름을 새긴 비석을 세웠습니다.

이 선비가 바로 암행어사로 전국 각지를 돌아다니며 백성들의 어렵고 괴로운 일을 해결해 준 박문수였습니다.

1691년 숙종 17년에 박문수는 경상북도 고령에서 박항한의 둘째 아들로 태어났습니다.

조상 대대로 높은 벼슬을 했지만 아버지는 벼슬을 마다하였습니다. 결국 시골에서 학문을 닦으며 여생을 보냈습니다. 작은 농토였지만 열심히 농사를 지어 생계를 근근이 이어갔습니다.

박문수는 어린 시절부터 학문에 몰두하였습니다.

그러다 1732년 서른둘의 나이로 문과에 장원 급제를 했습니다. 꽤 늦은 나이로 벼슬길에 오른 것입니다.

스물다섯 살 때 처음으로 과거를 보았으나 낙방하여 고향에서 한동안 서당 훈장으로 지내기도 했습니다.

그 후 스물여덟 살이 된 박문수는 다시 과거 시험

을 치렀으나 또 다시 떨어지고 말았습니다. 집념이 강한 박문수는 여러 번의 실패에도 굴하지 않았습니다. 그리하여 마침내 서른두 살이 되어서야 과거에 합격하게 된 것입니다.

어린 시절에도 박문수는 동네에서 집념이 강한 아이로 소문이 났습니다.

문수가 여섯 살 무렵이었습니다. 하루는 점심을 먹고 형과 산기슭에 자리한 밭으로 놀러 갔습니다.

밭둑에 서 있는 감나무 가지에는 세모꼴 벌집이 대롱대롱 매달려 있었습니다.

"형, 저게 뭐야?"

호기심 강한 문수가 형에게 물었습니다.

"저건 절대 건드려선 안 돼! 벌집이야."

"저 속에 꿀이 가득 들어 있겠네?"

문수는 형의 말을 듣지 않고 밭둑으로 올라갔습니다. 그리고 벌집을 막대기로 건드려 보았습니다.

"문수야, 그러지 마! 벌침에 쏘이면 큰일 난단 말이야!"

"형, 조금만 기다려 봐! 벌통이 금방 떨어질 것

같애."

 벌집이 흔들리자 문수는 신이 나서 막대기로 후려치기 시작했습니다. 뒷덜미가 따끔해도 개의치 않았습니다.

 마침내 벌집이 땅바닥으로 뚝 떨어졌습니다. 그러자 갑자기 수많은 벌들이 쏟아졌습니다.

 벌들은 윙윙 소리를 내며 형과 문수에게 달려들었습니다. 형제는 뒤를 돌아볼 겨를도 없이 도망치기에 바빴습니다.

 혼이 난 형은 먼저 집으로 줄행랑을 쳤습니다. 혼자 남은 문수는 간신히 벌들을 따돌리고 산길을 터벅터벅 걸어 내려왔습니다. 앳된 아이의 표정이 사라진 얼굴은 흉하게 일그러져 무서워 보이기까지 했습니다.

 그런데 한동안 아픔을 견디며 걸음을 옮기던 문수는 숲 속에서 들려오는 부스럭거리는 소리에 걸음을 멈췄습니다. 때마침 문수를 보고 놀란 토끼가 달아나기 시작했습니다.

 '벌꿀은 못 먹었지만 토끼 고기는 먹고 말 테

다!'

이런 생각이 뇌리를 스치자 문수는 토끼를 쫓아 달려 갔습니다. 토끼는 문수를 놀리기라도 하듯 자꾸 뒤를 돌아보며 도망쳤습니다.

금방이라도 손에 잡힐 것 같던 토끼는 금세 굴 속으로 사라져 버렸습니다.

문수는 가쁜 숨을 내쉬며 토끼 굴을 바라보다가 가만히 자리에 앉았습니다. 그리고 호흡을 가다듬으며 토끼에게 들으란 듯이 말했습니다.

"나오기만 해봐라. 기어코 잡고 말 테다!"

그렇게 외치며 문수는 토끼가 나오기를 기다렸습니다. 그러나 토끼는 나올 줄 모르고 안타깝게 시간만 흘렀습니다.

어느덧 해는 서산으로 기울고 주위에는 땅거미가 내렸습니다. 그러나 문수는 굴 앞을 떠날 줄 몰랐습니다.

한편 부모님은 집에 돌아오지 않는 문수가 걱정되어 산으로 찾아 나섰습니다.

"문수야! 어딨니?"

깊은 산골에서는 메아리만 울릴 뿐, 문수의 목소리는 들려올 줄 몰랐습니다.

"엄마, 혹시 우리 밭 근처에 문수가 있을지도 몰라요. 그 쪽으로 가 봐요."

벌에 입 언저리를 쏘인 문수의 형은 웅얼거리듯

이 말했습니다.

"문수야! 문수야!"

그들은 밭 주위를 돌아다니며 문수를 불렀습니다. 그 때 어디선가 문수의 목소리가 들려왔습니다. 그들은 소리 나는 쪽으로 달려갔습니다.

그 때까지 문수는 여전히 앉은 채로 토끼굴을 노려보고 있었습니다.

"집에 돌아오지 않고 여기서 뭘 했니?"

"굴 속에 들어간 토끼를 잡으려고 기다리고 있었어요."

어머니는 그제야 문수의 얼굴을 쳐다 보았습니다. 얼굴이 온통 부어 제대로 알아볼 수도 없을 정도였습니다.

야단을 쳐도 소용이 없었습니다. 결국 어머니는 꾀를 하나 생각해 냈습니다.

"문수야! 토끼 굴의 구멍은 여러 개 뚫려 있단다. 토끼는 이미 다른 데로 빠져 나가고 없을 거야."

"아, 그럴 수도 있겠구나!"

그때서야 꼬마 문수는 일어났습니다.

박문수는 이렇게 어려서부터 남다르게 의지가 강했습니다.

일찍이 영조가 박문수에게 암행어사라는 벼슬을 내린 것도 그의 강한 집념을 알아 보았기 때문이었습니다.

"그대의 재주는 조정의 으뜸이라. 이번에 암행어사를 제수(벼슬에 천거하는 절차를 밟지 않고 임금이 직접 벼슬을 내림)하노라. 지방 관리들의 잘잘못을 샅샅이 가린 다음 보고하도록 하여라."

영조 21년 이렇게 하여 박문수는 암행어사가 되었던 것입니다.

박문수는 당파싸움에 억울한 누명을 쓰고 벼슬에서 물러나기도 했습니다.

하지만 박문수를 남달리 총애했던 영조는 그를 다시 관직으로 불러들였습니다.

박문수는 암행어사로 있으면서 백성들의 어려움을 몸으로 느꼈습니다. 이 후 호조 판서가 되어서도 백성들의 부담을 덜어 주기 위해 불합리한 세금 제도를 고치고자 노력했습니다.

돈과 권력에 눈이 먼 벼슬아치들은 박문수를 두려워하여 모함하기 바빴습니다.

한때 박문수는 호조 판서에서 충주 목사라는 낮은 벼슬로 밀려나기도 했습니다. 그러나 벼슬의 높고 낮음에 상관하지 않고 박문수는 묵묵히 백성들을 위해 맡은 일에 충실했습니다.

그러다 1756년, 영조 32년에 그는 안타깝게 세상을 떠났습니다.

그가 남겼던 수많은 재미난 일화는 오늘날까지 전해지고 있습니다.

백성들의 어려운 일과 괴로운 일을 척척 해결했던 박문수의 올곧은 삶은 후세에도 끊이지 않고 사람들의 입에 오르내릴 것입니다.

그의 저서로는 〈탁지정례〉, 〈국혼정례〉가 있으며 글씨로는 〈오명항토적송공비〉가 있답니다.

위대한 스님 범일 대사

어느 날 밤, 문씨는 이상한 꿈을 꾸었습니다.

어두운 바다였습니다. 문씨는 그 물 위를 혼자 걷고 있었습니다.

자기가 걸어가는 길만 거울처럼 맑고 깨끗했습니다. 바로 옆으로는 검은 빛을 띤 파도가 너울너울 일고 있었습니다. 그 곳으로 가면 혹 빠질 것만 같아서 문씨는 반반하게 닦인 길만 따라 갔습니다.

아무 소리도 들려오지 않는 그 곳은 아주 조용했습니다. 사람이 살지 않던 아주 먼 옛날처럼 소리 한 점 없이 고요했습니다.

거기에서는 시간이 얼마나 지났는지 알 수가 없었습니다. 문씨는 꽤 오랫동안 바다를 걸어갔습니다. 갑자기 한 줄기 빛이 비치며 사방이 밝아지기 시작했습니다. 문씨는 고개를 들어 수평선을 바라보았습니다.

거기서는 커다란 해가 떠오르고 있었습니다. 혼자 걷고 있던 문씨는 해가 솟아 오르자 조금은 위안이 되었습니다.

문씨는 다시 해가 나오는 곳으로 가기 위해서 길을 재촉했습니다.

잠시 후, 해가 점점 자기에게로 다가오는 것 같았습니다. 문씨는 그저 그런 기분이 들겠거니 생각했습니다.

그러나 해는 실제로 문씨에게 다가오고 있었습니다. 그런데 또 이상한 일이 벌어졌습니다.

그 큰 불덩이가 전혀 뜨겁게 느껴지지 않는 것입니다. 오히려 포근한 느낌마저 들었습니다.

점차 문씨에게로 다가오던 해는 마침내 품안으로 빨려 들었습니다.

그 순간 문씨는 깜짝 놀라 꿈에서 깨어났습니다.

그 후 문씨는 아기를 가지게 되었습니다. 아기는 14개월 만에 태어났습니다.

때는 신라 헌덕왕 2년인 810년이었습니다.

아기 정수리에는 특이하게도 구슬이 있었습니다.

이는 아기가 부처님과 운명적인 인연을 가졌음을 뜻하는 것이었습니다.

세상에서 부르는 아기의 이름은 김통효였습니다.

바로 이 분이 훗날 불교를 널리 퍼뜨린 범일 국사였습니다.

범일은 강원도 강릉에서 태어났습니다. 그 후 가족을 따라 명주 지역으로 이사를 가게 되었습니다.

할아버지 김술원이 명주 도독(신라 때 한 지역의 최고 책임자)이 되었기 때문입니다. 범일은 진골 출신의 왕족 피를 이어받은 것입니다.

"어머님 아버님, 제 뜻은 평생 불도를 닦는 것입니다. 부디 허락해 주십시오."

출가를 결심할 때는 범일의 나이 열다섯 살이었습니다.

"전생에 홀로 인연을 심은 결과로다. 그 뜻을 굽힐 수가 없을 것 같구나. 네가 먼저 깨달음을 얻거든 우리도 구원해 주길 바란다."

부모는 범일의 출가를 허락해 주었습니다.

범일은 도를 닦으러 산으로 들어 갔습니다.

그 후 928년, 그의 나이 스무 살에 경주에 가서 구족계(승려들이 지켜야 할 모든 몸가짐)를 받았습니다.

'세상과 연결된 모든 생각들을 떨쳐 버리자. 나를 버리지 않고는 깨달음에 이를 수 없다.'

이렇게 생각한 그는 깨끗한 마음으로 부지런히 수도하였습니다. 어찌나 열심히 도를 닦았던지 다른 사람들이 모두 그를 따라 수행했습니다. 같이 도를 닦던 사람들은 그를 무척이나 존경했습니다.

'중국에 가서 불법을 구하리라!'

나이 스물여섯에 그는 그렇게 결심했습니다.

당시 중국에 건너가는 일은 쉽지 않았습니다. 때문에 범일은 왕자인 김의 왕종에게 찾아가 부탁하였습니다.

"저는 중국에 가서 불법을 배우고 오겠나이다. 부디 중국에 갈 수 있도록 도와 주소서."

"그대의 뜻이 그러하다면 내 힘써 보겠노라."

이렇게 해서 범일은 중국으로 가는 사신들과 함께 여행 길에 올랐습니다.

당나라 유학에 오른 범일은 산천을 두루 돌아다녔습니다.

불교가 번창한 당나라에는 많은 고승들이 있었습니다.

범일은 제안 대사를 찾아갔습니다. 제안 대사는 마조도일의 법을 이은 당대의 가장 훌륭한 스님이었습니다. 범일이 법을 구하러 오자 제안 대사가 물었습니다.

"어디서 왔는고?"

"동쪽 나라에서 왔습니다."

"뱃길로 오셨는가, 뭍으로 오셨는가?"

"뱃길로도 뭍으로도 오지 않았습니다. 해와 달이 서쪽으로 가는 것에 장애가 없는데, 어찌 수로, 육로에 집착할 수 있으리까."

"가히 동방의 보살이로다."

이윽고 범일이 제안 대사에게 물었습니다.

"무엇이 성불입니까?"

"도는 닦는 데 있지 않다. 부처도 보지 말고 보살도 찾지 말라. 평상시 같은 마음이 곧 도이니라."

범일은 이 말을 듣고 크게 깨우쳤습니다.

6년 동안 제안 대사에게 법을 배운 후 범일은 유엄 선사를 찾아가 다시 도를 닦게 되었습니다.

유엄 선사가 범일에게 물었습니다.

"어디서 떠났는가?"

"강서에서 떠났습니다."

"무엇 하러 왔는가?"

"화상(중의 높임말)을 찾아왔습니다."

"여기는 길이 없는데 그대가 어떻게 찾아왔는가?"

"화상께서 다시 한 걸음 나아가신다면 저는 화상을 뵙지도 못할 것입니다."

범일이 한 이 말에 유엄 선사는 크게 감탄하였습니다.

"대단히 기이하구나. 밖에서 들어온 맑은 바람이 사람을 얼리는구나!"

그 후 844년 당나라 무종은 마구잡이로 승려를 죽이고 절을 부수었습니다.

범일은 이 난을 피해 상산이란 곳으로 숨어 들었

습니다. 이 때 하백이라는 사람이 도와주어 겨우 목숨을 부지할 수 있었습니다. 상산에서 범일은 갖은 고생을 하며 수도를 하였습니다.

무종의 난이 가라앉자 범일은 중국 소주로 갔습니다. 조계 대사 육조 혜능의 탑묘를 참배하고 싶어서였습니다.

참배를 마친 범일은 문성왕 8년인 847년에 신라로 돌아왔습니다. 고향에서 법을 펼 생각이었습니다. 하지만 법을 펼 마땅한 장소를 찾지 못했습니다.

어느 날 밤, 범일이 잠들어 있을 때였습니다.

꿈에서 보살이 나타났습니다.

"옛날 당나라에 있었을 때 약속을 잊었는가?"

보살은 이런 말을 남기고는 홀연히 사라졌습니다. 범일은 깜짝 놀라 잠에서 깨어났습니다. 너무나 생생한 꿈이었습니다. 정신을 가다듬고 중국에서의 일을 떠올려 보았습니다.

범일은 유학시절, 왼쪽 귀가 잘린 사미승을 만난 적이 있었습니다.

"저 역시 신라 사람올시다. 집이 명주 땅 익령현 덕기방에 있습니다. 훗날 스님께서 본국으로 돌아가시거든 저에게 절 한 채를 지어 주십시오."

그 때 사미승은 범일에게 그렇게 부탁했습니다.

이튿날 범일은 수십 명의 사람들을 데리고 익령현으로 갔습니다. 그 사미승을 백방으로 수소문하기 시작했습니다.

마침내 그 사미승이 말하던 집을 찾아냈습니다. 그 집은 낙산사 부근에 위치해 있었습니다.

그 집에는 한 여인이 있었습니다. 이름은 덕기였는데, 여덟 살 난 아들이 있었습니다. 그 아들은 언제나 마을 남쪽 돌다리 옆에 나가 놀았습니다.

하루는 아이가 어머니에게 이렇게 말했습니다.

"나하고 노는 아이 가운데 금빛이 나는 아이가 있습니다."

그 어머니는 범일을 만나자 아이가 하던 말을 자세히 들려 주었습니다.

범일은 놀라기도 하고 기쁘기도 했습니다. 그래서 사람들과 그 아이가 놀고 있다는 다리 밑으로

가 보았습니다. 그러나 금빛이 나는 아이는 보이지 않았습니다. 대신에 물 속에 돌부처 하나가 있었습니다.

사람들은 돌부처를 땅으로 끌어 내었습니다. 이끼를 닦아 내니 부처의 왼쪽 귀는 떨어져 나가고 없었습니다.

범일이 중국에서 만난 사미승과 똑같은 모습이었습니다. 이 불상이 정취 보살입니다.

그 후 범일은 절을 지어 그 돌부처를 모셨습니다.

예전부터 낙산에 관음보살이 있다는 말은 세상에 널리 알려져 있었습니다.

그즈음 의상이라는 스님이 당나라에서 돌아왔습니다. 의상은 동해에서 7일 간 재를 올렸습니다.

그리고 나서 재에 썼던 물건들을 바다에 띄워 보냈습니다.

재를 마친 의상은 낙산에 있는 굴 속에서 지냈습니다. 그런데 얼마 후 용왕의 용천팔부라는 시종이 의상을 찾아왔습니다. 그 시종은 의상에게 수정 염주 한 꾸러미를 선물로 주었습니다. 이윽고 의상이 이것을 받아 굴 밖으로 나오는데, 다시 용왕이 나타났습니다. 용왕은 의상에게 여의주를 주고 사라졌습니다.

의상은 선물을 준 용왕에게 보답하고자 했습니다. 그런 뜻으로 다시 재를 이레 동안 올렸습니다.

의상이 재를 마치고 굴 속으로 들어갔습니다. 그런데 이번엔 관음보살이 의상 앞에 나타났습니다.

"그대는 산 위로 올라가라. 그러면 대나무 한 쌍이 솟아 있는 곳에 닿을 것이다. 그 곳에 절을 짓도록 하라."

관음보살의 말에 따라 의상은 산꼭대기로 올라갔습니다. 과연 그 곳엔 쌍죽이 돋아나 있었습니다. 의상은 곧 그 곳에 절을 세웠습니다. 그리고 관음상을 만들어 모셨습니다.

의상은 그 절 이름을 낙산사라 지었습니다. 중국의 보타산에 있는 절 이름과 똑같이 지은 것이었습니다.

그 후 의상의 이야기는 세상에 널리 퍼졌습니다. 그래서 많은 성직자들이 낙산사를 찾아왔습니다.

이렇게 해서 낙산사에는 의상 스님이 모신 관음 보살과 범일 스님의 정취 보살 두 분이 모셔지게 되었습니다.

문성왕 13년, 범일은 충남 대덕군 회덕면에 있는 백달산으로 들어갔습니다. 이 곳에서 아버지를 만났습니다. 아버지는 아들을 보낸 후 줄곧 명주에 있는 굴산사에 머물렀습니다. 아들의 건강을 기원해 주었던 것입니다.

범일은 굴산사에 머물면서 사굴산을 크게 번창시켰습니다.

그의 도가 높다는 것이 알려지자 수많은 사람들이 찾아왔습니다. 그리고 그의 제자가 되고 싶어하는 사람들도 많았습니다.

그 후 871년에는 경문왕, 880년에는 헌강왕, 887년에는 정강왕이 사신을 보내어 국사로 모시고자 했습니다. 그러나 범일은 그들의 말에 응하지 않고 굴산사에 머물렀습니다.

889년 4월 말, 범일은 제자들을 모아 놓고 유언을 남겼습니다.

"나는 곧 먼 길을 떠나련다. 이제 너희들과 헤어지려 하니 너희들은 속세의 감정으로 슬퍼하지 마라. 다만 스스로가 마음을 닦아서 종지(종문의 취지)를 타락시키지 마라."

그 해 5월 1일, 범일은 오른쪽으로 누워 발을 포개고 입적하였습니다. 세속의 나이 여든 살이요, 승납(승려가 된 연수) 예순 살이었습니다. 시호는 '통효 대사'로 하였고 탑명은 '연휘지탑'이라고 하였습니다.

범일에게는 제자들이 많았습니다. 제자들 중에는 낭공과 낭원 등이 유명합니다. 이들은 두타행(온갖 괴로움을 무릅쓰고 불도를 닦는 방법)을 하는 등 당시 신라 사회에 모범을 보인 인물들이었습니다. 그리고 훗날 그들의 제자들 중에서 유명한 스님들이 많이 나왔습니다.

음악의 성자 **베토벤**

　베토벤은 1770년 12월 16일에 독일의 조용한 도시 본에서 태어났습니다.
　그는 할아버지의 이름을 그대로 물려받아 루드비히 반 베토벤으로 불렸습니다. 할아버지는 궁정 악단의 악장으로 음악적 재능을 인정받고 있었습니다. 하지만 베토벤이 세 살 되던 해에 예순한 살을 일기로 세상을 떠나고 말았습니다.
　베토벤의 아버지, 요한 반 베토벤은 아버지로부터 아름다운 목소리를 이어받아 열두 살 때부터 궁정 가수로 노래를 불렀습니다.

요한은 외아들인 데다 기질이 약했습니다. 거기다 술을 너무 좋아했습니다.

그는 스물일곱 살 때 궁정 요리사인 마리아 막달레나와 결혼하였습니다. 그 후 1년 뒤에 태어난 아기가 베토벤이었습니다.

어느 날 밤늦게 술에 취한 요한은 곤드레만드레가 된 채 집에 돌아왔습니다. 마리아는 밤이슬에 젖은 남편의 코트를 벗기며 루드비히를 자랑하였습니다.

"여보! 우리 루드비히가 피아노를 여간 잘 치지 않아요. 루드비히는 틀림없이 할아버지나 당신을 닮았어요."

"그래? 정말 루드비히에겐 음악가 집안의 피가 흐르고 있을지도 모르지."

요한은 활활 타는 난로 앞에 서서 한동안 무슨 생각에 골몰하더니 갑자기 눈빛이 달라졌습니다.

'이제부터 루드비히에게 음악을 가르치자. 지금 빈에서 대 작곡가로 유명한 모차르트도 네 살 때부터 음악을 배웠다고 하지 않았나! 그래서, 여섯 살

때는 유럽의 여러 나라를 돌며 연주회를 열었지. 그렇다! 루드비히를 제 2의 모차르트로 만들자.'

이런 생각을 한 요한은 아내에게 루드비히를 데려오라고 말하였습니다.

"여보, 지금은 한밤중이에요. 곤히 자고 있는 애를 어떻게 깨워요?"

"잔소리 말고 데려오라면 어서 데려와!"

남편의 술버릇을 잘 아는 마리아는 할 수 없이 루드비히를 안고 나와 피아노 앞에 내려놓았습니다.

"엄마, 나 너무 졸려요."

루드비히는 잠이 덜 깬 채 의자에서 떨어질 뻔했습니다.

요한은 피아노 뚜껑을 열고 루드비히를 크게 불렀습니다.

"자, 무엇이든 좋으니까 아무거나 쳐 봐라."

술 취한 아버지의 눈이 무서웠던지 루드비히는 피아노 건반 위에 손을 얹고 손가락을 움직이기 시작했습니다. 아름답고 정확한 멜로디가 흘러나왔습니다.

누가 가르쳐 준 것도 아닌데 그 고사리 같은 손가락이 건반 위를 달리며 훌륭한 음악을 만들어 내고 있었습니다.

'틀림없이 제 2의 모차르트가 될 수 있다! 나도 모차르트의 아버지처럼 루드비히를 데리고 온 유럽을 돌아다니자! 루드비히는 곧 대단한 인기를 모으고 많은 돈을 벌게 된다. 분명히 부자가 될 거야.'

요한은 모차르트의 아버지와는 달리, 돈벌이를 위해 아들에게 음악을 가르치려 하고 있었습니다.

그 후 요한은 아들을 음악의 신동으로 만들겠다는 욕심으로 피아노와 바이올린을 가르치기 시작했습니다.

루드비히는 바이올린보다 피아노를 더 좋아했습니다.

악보를 가르쳐 주면 곧 그것을 바탕으로 해서 새로운 곡을 연주하기도 했습니다. 또 마음이 내키면 즉흥적으로 곡을 만들어 치기도 했습니다.

그러나 루드비히는 아직 어린 아이였습니다. 몇 시간이고 계속 연습을 하고 나면 온몸이 피곤해져 피아노에 신물이 나고는 했습니다.

그렇지만 신동의 환상에 사로잡힌 요한은 아랑곳하지 않고 날마다 강도 높은 연습을 시켰습니다.

술에 취해 밤늦게 돌아오는 날에도, 요한은 루드비히를 공부시키는 일만은 잊지 않았습니다.

베토벤의 집안에는 그 후, 루드비히보다 네 살 아래인 카스팔 카알과 그보다 두 살 아래인 니콜라스 요한이 태어났습니다.

집안 살림은 여전히 어려웠고 아버지의 술버릇은 날로 거칠어만 갔습니다. 어머니는 몸이 약해졌고 두 어린 동생들마저 병치레가 잦았습니다.

루드비히가 열한 살이 되던 해인 1781년 11월 어느 날, 루드비히와 그의 어머니는 암스테르담으로 갔습니다. 루드비히가 귀족의 집을 찾아다니며 연주를 하게 되었기 때문입니다.

루드비히는 창피당해서는 안 된다는 생각으로 아주 열심히 피아노를 연주했습니다.

열한 살의 루드비히 연주에 암스테르담의 귀족들은 모두 깜짝 놀랐습니다.

모차르트처럼 품위 있고 화려한 연주는 아니었지만 가슴을 찌르는 힘찬 무엇인가가 있었습니다.

연주가 끝나자 사람들은 아낌없는 박수를 보냈습

니다.

어떤 사람들은 여러 가지 선물을 루드비히에게 주었습니다. 돈을 주는 귀족도 있었습니다.

가난한 루드비히로서는 선물이나 돈을 거절할 입장이 못 되었습니다.

'난 여러분들의 구경거리를 만들어 주려고 피아노를 치는 것은 아닙니다.'

마음속에서는 그런 말이 솟구쳤지만 루드비히는 고개를 숙이고 그 돈을 받았습니다.

며칠 후, 어머니와 루드비히는 다시 집으로 돌아왔습니다. 아버지는 흥분된 표정으로 문간까지 뛰어 나왔습니다.

"그래, 이번 수입은 얼마나 들어왔소?"

어머니는 말을 잇지 못하고 지갑을 꺼내어 아버지에게 건넸습니다. 아버지는 지갑을 잽싸게 낚아챘습니다. 그러나 돈의 액수는 아버지가 예상하고 있던 금액에 턱없이 모자랐습니다.

"아니, 고작 이것 뿐이야?"

"여보, 어떻게 그런 말을 할 수가 있죠?"

"겨우 이 정도 벌어 올리려고 암스테르담까지 갔느냐 말이야?"

어머니와 아버지의 고함 소리에 루드비히는 숨도 제대로 쉴 수가 없었습니다.

그 소리에 자고 있던 카스팔과 요한은 잠에서 깨어나 울음을 터뜨렸습니다. 어머니는 어찌할 바를 몰라 아이들 방으로 달려갔습니다.

"아버지, 전 오늘부터 음악을 그만두겠어요!"

루드비히는 소리치며 밖으로 뛰쳐나갔습니다.

밖으로 나온 루드비히는 견딜 수 없이 괴로웠습니다. 가난도, 술꾼 아버지도, 그리고 음악조차도 다 귀찮았습니다.

그 때 성당 안에서 아름다운 선율의 오르간 소리가 흘러 나왔습니다. 루드비히는 자신도 모르는 사이에 성당 안으로 걸음을 옮겨 놓았습니다.

루드비히는 오르간 앞에서 연주를 하고 있는 신부를 보았습니다. 루드비히는 마술에 걸린 듯 자신도 모르게 신부님의 뒤로 갔습니다.

'음악이 이토록 아름다웠구나!'

이 때 오르간을 치고 있던 사람은 네에페라는 성당 오르간 연주자였습니다. 그는 당시에 대 음악가 중 한 사람이었습니다.

그 후 그는 루드비히에게 바흐의 음악을 가르쳐 주었습니다.

그리하여 1784년, 열네 살이 되던 해 루드비히는 성당에서 정식 오르간 연주자가 되었습니다.

또한 이 무렵에 루드비히는 일생 동안 자신을 후원해 줄 사람들과 친분을 쌓게 되었습니다. 프란츠 게르하르트 베겔러도 그 중 한 사람이었습니다. 베겔러는 루드비히보다 다섯 살 위로 그 무렵 의과 대학에 다니고 있었습니다.

어느 날 베겔러는 브로이닝 집안의 아이들에게 피아노를 가르쳐 달라고 루드비히에게 부탁하였습니다. 루드비히는 선뜻 베겔러의 부탁을 들어 주었습니다.

그 이후 베토벤 집안의 살림은 루드비히가 궁정과 브로이닝 집안에서 받아오는 급료로 조금씩 나아졌습니다.

그 무렵 루드비히는 브로이닝 집안의 둘째 아들 슈테판과 함께 프란츠 리이스라는 음악가로부터 바이올린과 작곡을 배우고 있었습니다. 하지만 루드비히는 작곡을 할 자신이 없었습니다.

'작곡을 하려면 음악의 도시 빈으로 가야 한다. 거기서 모차르트나 하이든 같은 훌륭한 사람 밑에서 본격적으로 음악을 공부하자!'

루드비히는 빈으로 떠났습니다. 하지만 슬픈 소식이 그를 찾아왔습니다. 어머니께서 돌아가신 것입니다.

"어머니……."

루드비히는 목놓아 울었습니다. 그래도 세상에서 자신을 가장 사랑해 준 어머니였습니다.

루드비히는 다시 본으로 돌아와야 했습니다.

아버지는 여전히 술만 마시고 가정을 돌보지 않았습니다. 그리고 두 동생들도 말썽을 밥 먹듯이 피웠습니다.

그런 가족들을 루드비히가 책임지지 않으면 안 되었습니다.

간신히 슬픔에서 헤어난 베토벤은 궁정의 오르간 연주자로 다시 나섰습니다. 브로이닝 집안에도 드나들기 시작했습니다.

이 무렵 발트슈타인 백작이라는 분이 베토벤을 도와주었습니다. 그는 베토벤보다 여덟 살 위였습니다. 음악을 사랑하고 예술가를 존경하는 발트슈타인은 베토벤의 재능을 아까워했던 것입니다.

그는 베토벤에게 하이든을 소개하였습니다.

"오호! 자네가 베토벤인가? 언제 빈에 오지 않겠나? 내가 작곡을 가르쳐 주겠네."

하이든은 베토벤의 손을 잡으며 말했습니다.

"고맙습니다. 언젠가 빈에 가게 되면 반드시 선생님의 가르침을 받겠습니다."

이렇게 대답하는 베토벤의 눈은 빛났습니다.

발트슈타인 백작은 베토벤에게 빈에 갈 수 있도록 도와주겠다고 말했습니다. 베토벤은 그 때만큼 우정의 소중함을 느낀 적이 없었습니다.

'하느님은 나를 버리지 않으셨구나.'

1792년 11월, 스물한 살의 베토벤은 본을 떠나 빈으로 갔습니다. 하지만 하이든은 너무 바쁜 나머지 베토벤을 가르칠 시간이 없었습니다.

"선생님, 저는 교향곡 작곡법을 배우고 싶습니다. 이젠 가르쳐 주십시오."

더 이상 시간을 헛되이 흘려 보낼 수는 없다고 생각한 베토벤은 하이든에게 작곡법을 가르쳐 달라고 말하였습니다.

하이든은 난처하다는 듯 머리를 긁적거렸습니다.

"미안하네. 요즘 중요한 일이 너무 많아서 시간을 낼 수가 없네. 내일 다시 와 주게."

그 말에 베토벤은 무척 실망하였습니다. 그러나 유럽 최고의 음악가 하이든이 바쁜 것은 어쩌면 당연한 일인지도 모른다고 생각하였습니다.

그 후 베토벤은 자신이 스스로 음악을 연구하며 작곡을 해야겠다고 결심하였습니다. 그래서 자신의 방에서 밖에도 잘 나오지 않고 열심히 작곡에 열중하였습니다.

그리고 자신이 작곡한 곡을 하이든에게 보였습니다. 하이든은 베토벤을 크게 칭찬하였습니다.

"자네는 훌륭한 작곡가가 됐다네. 이제 마음먹은 대로 작곡을 해 보게나."

그 날부터 베토벤은 방안에 틀어박혀 지냈습니다. 최초의 피아노 협주곡은 이 시기에 작곡된 것입니다.

1975년 봄, 베토벤은 궁정 극장에 작곡가와 피아노 연주자로서 출연하였습니다. 궁정 극장은 일류 음악가만이 출연할 수 있었습니다.

베토벤의 연주회는 크게 성공하였습니다. 연주가 끝나자, 청중의 박수 소리는 한동안 그칠 줄 몰랐습니다. 이리하여 베토벤은 완전히 일류 음악가로서 인정을 받았습니다.

그 때부터 4년 후, 젊은 작곡가 베토벤은 음악회가 열리는 곳마다 초청되었습니다.

바쁜 나날의 연속이었습니다. 연주회를 많이 가질수록 베토벤의 명성은 높아만 갔습니다.

그러나 베토벤에게는 또 다시 어두운 운명의 그림자가 드리워졌습니다. 귓가에 들려오는 소리들이 시간이 갈수록 약해지는 것이었습니다.

청력이 약해진다는 것은 음악가로서는 치명적인 일이었습니다. 베토벤의 번뇌는 깊어만 갔습니다.

그러나 베토벤은 운명 앞에서 좌절할 만큼 나약하지 않았습니다.

혼신의 열정을 쏟아 부으며 작곡에 몰두했습니다.

소나타 〈비창〉과 현악 4중주곡 등의 대작을 연달아 작곡하였습니다.

1801년, 베토벤의 귀는 점점 피아노 소리를 못 들을 정도로 나빠져 갔습니다. 베토벤은 온 몸의 피가 한꺼번에 식어 가는 듯했습니다. 머리는 쿵쿵 울리고 귀는 바늘로 쑤시는 듯 아팠습니다.

'아아! 이제 모든 것이 끝났다. 어째서 나는 이런 고통을 당하는 걸까? 하느님은 나를 낭떠러지로 떨어뜨리는 것이다. 음악 없이 사느니 차라리 죽음을 택하는 편이 낫다.'

너무나 괴로운 나머지 베토벤은 동생들에게 유서를 썼습니다. 유서를 다 쓴 다음, 눈을 감고 의자에 앉아 있었습니다. 그런데 갑자기 눈 앞에 한줄기

빛이 지나가는 것 같았습니다.

베토벤은 번쩍 눈을 떴습니다. 창을 통해 보이는 정원에 폭풍우가 휘몰아치고 있었습니다.

그 때, 폭풍우의 건너편으로부터 현악기 합주처럼 여겨지는 음악 소리가 들리는 것 같았습니다.

"앗! 제 3교향곡이다!"

베토벤은 미친 듯이 악보 위에 음을 따라 적었습니다.

얼마나 시간이 지났을까요. 드디어 〈크로이체르 소나타〉와 피아노 협주곡 제 3번이 완성되고, 교향곡 제 3번도 완성하였습니다.

좌절에도 굴복하지 않고 최선을 다한 베토벤의 정신이 고스란히 들어 있는 작품들이었습니다.

1827년 베토벤은 네 번째 수술을 받았습니다.

그의 병세는 나날이 악화되어 갔습니다. 수많은 곡을 써서 아름다운 선율을 만들었지만 그는 더 이상 아름다운 곡을 만들 수 없게 되었습니다.

그의 나이 쉰일곱 되던 해, 베토벤은 하느님의 부름을 받고 저 세상으로 떠났습니다.

"음악의 성자를 우리는 잃고 말았다."

음악의 도시 빈 시내의 사람들은 온통 그의 죽음을 슬퍼하였습니다.

음악가이면서 청각을 잃었지만 어려움을 극복한 정신력은 인간의 집념과 생활 태도의 귀감으로서 지금껏 사람들에게 깊은 감명을 주고 있습니다.

나비 박사 석주명

    석주명은 1908년 11월 13일 평양시 대동문 근처인 이문리에서 석승서의 차남으로 태어났습니다.
    당시 우리 나라 형편은 너무도 어려웠습니다. 1910년 이후 우리 나라는 일본의 식민지가 되고 말았습니다.
    이 때부터 일본은 제멋대로 우리 나라를 약탈하기 시작했습니다.
    봄이면 논밭에 뿌릴 씨앗도 부족할 만큼 심한 식량난을 겪어야 했습니다. 사람들은 들로 산으로 나가 풀이나 나무 껍질을 벗겨 먹으며 간신히 목숨을 부지했습니다.

 다행히 석주명의 집은 유복한 편이었습니다. 아버지께서 평양에서 가장 큰 요리집을 경영하셨기 때문입니다.

 요리집 아들인 탓에 아이들 사이에서 주명의 인기는 참 좋았습니다.

 학교가 끝나면 아이들은 너도나도 모두 주명의 주변으로 몰려듭니다.

 "주명아! 오늘 내가 네 산수 숙제 해 주면 안 되겠니?"

 키가 작은 아이가 주명에게 애교스러운 어조로 물었습니다.

 "내 숙제를 내가 해야지, 왜 네가 하니?"

 주명은 볼멘 소리로 대답을 합니다. 하지만 그 애가 왜 그런 말을 하는지 누구보다 주명이 잘 알고 있었습니다. 주명은 산수에는 약했던 것입니다.

 "넌 다른 건 다 잘하는데, 산수에는 약하잖아. 그래서 내가 좀 도와 줄까 하고 말이야!"

 사실 그 애가 그런 말을 했던 이유는 배가 고팠기

때문이었습니다. 주명의 숙제를 도와주면 먹을 것을 얻어먹을 수 있었던 것이지요.

주명은 자신의 숙제보다 배가 고파서 그런 말을 하는 아이들의 마음을 잘 알고 있었습니다.

"좋아. 우리 집에 가서 같이 하자."

그 말이 떨어지자마자 다른 아이들이 나섭니다.

"나도 가면 안 돼?"

"야, 나도 같이 가자."

늘 그런 식으로 주명의 주변에는 아이들이 들끓었습니다.

주명은 개성 송도 중학교에 입학하였습니다.

중학교에 입학한 이후 주명은 여러 가지 활동에 열심이었습니다.

워낙 호기심도 많았고 활동적인 편이라 취미 또한 다양하였습니다.

그래서 방과후에는 무슨 활동을 해야 할지 늘 고민스러웠습니다. 이것도 하고 싶고 저것도 하고 싶고. 하지만 시간이 정해져 있기 때문에 마음대로 할 수가 없었습니다.

"이봐, 석주명! 연극 연습하지 않고 어딜 가는 거니?"

연극반 선배가 어딘가를 향해 뛰어가는 주명에게 소리쳤습니다.

"아…… 안녕하세요. 지금 음악반에 가는데요. 내일 모레 공연이 있어서……."

"아니 잠깐! 연극반 공연보다 음악반 공연이 더 중요하단 말이야? 더군다나 너는 이번 연극에서 주인공을 맡았잖니! 대체 어쩔 셈이냐?"

"선배님, 그거라면 걱정 마세요. 절대 실수하지 않고 해낼 테니까요! 공연이 끝나면 얼른 갈게요!"

그렇게 말하고는 재빨리 도망을 쳤습니다.

연극도 좋고 미술도 좋았지만 주명은 음악반이 제일 좋았습니다.

음악반에서 주명은 만돌린 연주를 맡았습니다. 그 솜씨가 어찌나 뛰어났던지 선배들 모두 주명이 나중에 훌륭한 연주가가 될 것이라고 입을 모았습니다.

그렇게 취미 활동에 열심이다 보니 공부는 엉망

이었습니다.

그 결과 1924년 겨울에는 낙제 성적표를 받게 되었습니다.

"아니, 이런 괘씸한 놈 같으니라구! 이걸 성적표라고 받아 왔단 말이야!"

아버지는 석주명을 방에 불러 놓고 호통을 쳤습니다.

"만약 이 따위로 공부를 계속할 셈이면 당장 학교를 때려치우도록 해라. 나는 이런 식으로 자기 할 일을 모르고 사는 자식을 뒷바라지해 줄 수가 없다!"

충격을 받은 것은 아버지뿐만 아니라 석주명도 마찬가지였습니다. 누구에게 지기 싫어하는 주명이었습니다.

그 날부터 주명은 각오를 새롭게 하였습니다. 하루 종일 책 속에서 눈을 떼지 않을 정도였습니다. 심지어 방학 때에도 고향에 내려가지 않고 책 속에만 빠져 지냈습니다.

노력의 결과는 다음 학기에 바로 나타났습니다.

주명은 우등생이 되었고, 일본의 '가고시마 농림 대학'의 유학생으로 선발되는 영광을 안았습니다.
가고시마 농림 대학은 일본에서도 둘째 가라면

서러운 농업 전문 학교였습니다. 그해 가고시마 대학의 유학생으로는 조선에서는 석주명 한 사람뿐이었습니다.

석주명에게는 이 유학 시절이 인생의 전환점이 되었습니다. 나비 박사로 잘 알려진 석주명이 나비와 인연을 맺게 된 것도 이 시절이었습니다.

가고시마 유학 시절, 일본인 오카지마 교수는 석주명을 몹시 총애하였습니다.

졸업을 며칠 앞둔 어느 겨울 날이었습니다. 석주명은 코트에 얼굴을 깊숙이 묻은 채 가고시마 대학의 정원을 거닐고 있었습니다. 그의 머리 속에는 나비에 대한 생각이 가득했습니다. 보도 위를 나뒹구는 낙엽이 나비로 보일 지경이었습니다.

"주명군! 마침 잘 만났네. 내 자네한테 할 얘기가 있던 참인데."

그를 부른 사람은 오카지마 교수였습니다.

"제게 하실 말씀이라니오?"

"뭐, 별 다른 건 아니네. 자네, 여전히 나비 좋아하나? 내가 알기로는 이 가고시마에서 나비 하면 석주명으로 통하던데."

"별 말씀을요."

"그래서 내가 자네에게 한 가지 조언을 주고자 하네. 나비야말로 대단히 매력적인 곤충이라네. 한데, 아쉽게도 나비에 대한 연구가 별로 이루어지지 않고 있어. 한마디로 나비는 미개척 분야라네. 그래서 만약 자네가 앞으로 10년 간 나비 연구에 몰두한다면 이 분야에서 세계 제일이 될 걸세. 내 장담하네."

오카지마 교수의 이 조언은 석주명이 나비 연구에 일생을 바치도록 한 계기가 되었습니다.

대학을 졸업한 석주명은 꿈에도 그리던 조국으로 돌아왔습니다. 석주명은 사회에서의 첫발을 교사로서 시작하였습니다.

1931년부터 42년까지 송도 고보에 재직하는 동안 석주명은 놀라운 업적을 이루었습니다. 일흔아홉 편의 논문이 이 시기에 쓰여졌고, 5종의 한국산 나비를 새롭게 발견하기도 했습니다. 외국의 유명한 나비 연구가들도 새로운 나비의 발견에 흥분을 금치 못했습니다.

방학 때나, 휴일 등을 이용하여 석주명은 나비를 채취하기 위해 전국을 누볐습니다.

"선생님, 이번 여름에는 어디로 떠날까요? 푸른 바다가 보이는 동해로 갈까요, 계곡이 멋진 지리산으로 갈까요? 난 방학 때가 제일 좋더라. 선생님 모시고 여행도 다니고, 예쁜 나비도 관찰하고."

석주명의 제자들은 방학 때가 되면 신이 나서 떠들어 댔습니다.

이렇게 석주명은 틈만 나면 나비를 채집하는 데 온 노력을 기울였습니다. 직접 채집한 것 이외에도 조수를 파견하거나 학생들의 방학 숙제를 통해서 혹은 졸업한 제자를 통해서 채집하였습니다.

송도 고보에서 11년 동안 재직하면서 그가 채집한 나비의 숫자는 무려 75만 마리에 달하였습니다. 보통 곤충학자라면 상상도 못할 숫자입니다.

그의 노력은 채집에서만 엿볼 수 있는 게 아닙니다. 채집해 온 나비를 관찰하고 특징들을 기록해야 했습니다.

그뿐이 아니었습니다. 나비를 표본으로 만들어 보관해야 했고, 기록들을 정리해서 연구 논문을 발표해야 했습니다. 그러다 보니 그는 항상 시간이 부족하였습니다.

석주명은 새벽 2시 이전에 잠자리에 든 적이 없었고 점심 먹는 시간이 아까워 길을 걸으며 땅콩으로 끼니를 때울 때도 있었다고 합니다.

그의 머리 속은 온통 나비로 가득 차 있었습니다. 다른 사람들의 눈에 석주명은 나비에 미친 사람으로 보였습니다.

이러한 노력의 결과 석주명은 세계적인 나비 학자로서 명성을 얻게 되었습니다. 미국의 유명한 박물관이나 연구소에서는 석주명에게 연구비를 지원해 주기도 하고 학문적인 도움을 청해 오기도 했습니다.

영국의 왕립 아시아 학회에서는 조선산 나비의 목록을 만들어 달라고 부탁했습니다.

그 일을 계기로 석주명은 1940년 〈조선산 접류 총목록〉이란 책을 출판하게 되었습니다. 〈조선산 접류 총목록〉은 그 동안 나비 연구에 바친 석주명의 피와 땀이 배어 있는 책입니다.

당시 나비에 조예가 깊은 학자들은 이 책을 소장하는 것을 큰 영광으로 알았습니다.

초인적인 노력으로 그의 명성은 날이 갈수록 높아만 갔습니다. 광복 후 국가에서도 그의 업적을 인정하여 국립 과학관 동물학 연구 부장직을 맡겼습니다. 이러한 성공에 안주하지 않고 석주명은 연구를 게을리 하지 않았습니다.

　1950년 육이오가 터지자, 사람들은 서둘러 남쪽으로 피난을 떠났습니다. 그러나 석주명은 그 동안 채집한 나비 표본이 걱정되어 피난길에 오를 수 없었습니다.

　그러던 어느 날 석주명은 회의 참석차 집을 나섰습니다. 전쟁 중에 불타버린 국립 과학관을 어떻게 재건할 것인가에 관한 회의였습니다.

　회의 시간에 조금 늦은 석주명은 걸음을 서둘렀습니다. 그러나 도중에 술에 취한 청년과 부딪치고 말았습니다. 석주명은 미안하단 인사를 남기고 다시 걸음을 재촉하였습니다.

　그러나 청년은 석주명을 놓아주지 않았습니다. 둘 사이에는 시비가 붙게 되었습니다.

　그런데 이게 웬일입니까? 갑작스럽게 청년은 품에서 총을 꺼내어 석주명을 향해 방아쇠를 당기고 만 것입니다.

　전쟁으로 불안해진 청년의 눈은 세계적인 나비

학자를 알아보지 못했던 것입니다. 이 때 그의 나이는 겨우 마흔하나였습니다.

나비 박사 석주명! 비록 그는 세상을 등졌지만, 그의 뛰어난 재능과 학문에 대한 열정은 우리 민족의 자랑이 아닐 수 없습니다. 또 그의 위대한 유산인 〈조선산 접류 총목록〉은 지금도 나비를 연구하는 학자들에게 많은 도움을 주고 있습니다.

저서로는 〈제주도 방언집〉과 〈배추흰나비의 변이곡선〉이 있습니다.

한글의 아버지 **세종 대왕**

"뭣이라고? 책을 손에서 놓지 않는다고? 여봐라! 당장 충녕의 방으로 가서 책들을 모조리 걷어 오도록 하여라."

태종 임금은 걱정스러운 표정으로 내관에게 분부를 내렸습니다. 사랑하는 왕자 충녕이 병중에서도 책을 읽고 있다는 말을 들었기 때문입니다.

내관은 급히 충녕의 방으로 들어가 이 사실을 알렸습니다.

"그렇다면 걸어 가야지."

충녕의 말이 끝나자마자 내관들은 책을 거두기

시작했습니다.

충녕은 조용히 앉아 있다가 내관들이 책을 모조리 거두어 방을 나서자 빙그레 웃음을 지었습니다.

'이건 아무도 모를 거야.'

충녕은 병풍 사이에서 살그머니 책 한 권을 꺼내 들었습니다.

그것은 〈구소수간〉이란 책이었습니다. 중국 송나라 문장가인 구양수와 소식이라는 사람이 서로 주고 받은 편지를 모아 엮은 것이었습니다.

읽을 책이라곤 그거 하나뿐이었으므로 충녕은 〈구소수간〉을 읽고 또 읽었습니다.

어릴 때부터 밖에 나가 형제들과 어울려 놀기 보다 혼자 책 읽기를 좋아한 충녕이었습니다.

중국에서 이름난 역사 책, 나라를 다스리는 지혜를 모은 책, 백성들이 꼭 읽어야 할 책, 임금에게 충성을 바치고 부모에게 효도하는 책, 착한 백성들을 가르칠 수 있는 책, 닥치는 대로 읽었습니다.

이 책벌레 왕자가 훗날 우리 역사에 가장 눈부신 업적을 남기신 세종 대왕이십니다.

책을 많이 읽은 탓에 세종 임금은 백성들에게 무엇이 필요하고 어떻게 하면 나라에 도움이 되는지 너무도 잘 알고 있었습니다.

세종은 제일 먼저 학자들을 잘 키워 학문을 크게 일으켜야 한다고 결심하였습니다.

왜구들의 침입은 하루가 멀다 하고 벌어졌습니다. 대마도로 대군을 보내어 그들을 혼내 준 적도 있었지만 그것은 대수롭지 않은 것이었습니다.

세종 대왕은 나라 안의 학자들을 모아 그들의 지식과 슬기를 나라를 다스리는 일에 사용하도록 하였습니다.

세종이 임금에 오르자 나라의 여러 일들은 순풍에 돛을 단 듯 착착 진행되어 갔습니다.

농사가 으뜸이라고 생각한 세종은 〈농사직설〉이란 책을 펴냈습니다. 또 장영실을 시켜 강수량을 측정할 수 있는 측우기를 만들도록 했습니다. 오랜 세월 동안 강수량을 관찰해 평균값을 얻게 되면 가뭄이나 홍수를 극복할 지혜가 생기게 마련입니다. 그렇게 된다면 농사에도 도움이 될 게 틀림없는 일이었습니다.

세종은 국방에도 힘을 쏟았습니다.

'나라를 잘 다스리고 백성들의 생활을 편안하게 하려면 국방을 튼튼하게 해야겠구나. 나라 밖으로 여진과 왜구의 무리가 들끓으니, 어찌 마음을 놓을 수 있단 말인가.'

이리하여 김종서를 북쪽 국경 지대에 파견하여 4군과 6진을 개척하였습니다. 이 일로 우리 나라의 북쪽 영토는 압록강과 두만강으로 확정되었습니다. 또한 왜구들의 침략을 근절하기 위해 삼포를 열기도 하였습니다.

그뿐 아니라 백성들의 생활이 편리하도록 여러 과학도구를 발명하게 했습니다.

장영실이 고심하여 만든 간의와 혼천의를 보고 세종은 크게 기뻐하였습니다. 간의는 별들을 관측하는 기구이며, 혼천의는 별들의 움직임과 그 위치를 기록하는 기구입니다.

세종은 또한 음악에도 남다른 관심을 가지고 계셨습니다. 임금의 몸임에도 불구하고 직접 음악 이

론을 공부하기도 하고 여러 악기를 시험하기도 했습니다.

 때마침 음악에 있어 천재적인 감수성을 지닌 박연이란 자가 있었습니다. 세종은 박연에게 아악을 정리케 하였습니다. 또한 악기들을 개발하고 개량시키도록 하셨습니다.

 세종의 업적은 그것만이 아니었습니다.

 '학문을 꽃피우기 위해서는 좋은 책들을 널리 보급시켜야 한다. 그렇다면 책을 찍어 내는 활자를 개량해야겠구나.'

 이렇게 하여 1420년 경자해에 새로운 활자를 만들어 〈경자자〉라 했고, 1434년 갑인 해에 구리 활자인 〈갑인자〉를 만들었습니다.

 어질고 훌륭한 임금이 나라를 다스리니 태평한 세월이 이어졌습니다. 백성들도 이러한 임금을 받들고 따랐습니다.

 그런데 세종 대왕에게는 오래 전부터 안타깝게 여겨오던 일이 있었습니다.

 '나라 말이 중국에서 빌려온 것이라 백성들이 사

용하는 데 어려움이 많구나. 사용하기에 편리한 우리 글자를 만들어야겠다.'

한자는 백성들이 사용하기엔 너무 어려웠습니다.

그리하여 재주있는 학자들과 함께 밤낮으로 연구를 하셨습니다. 그러다 나중엔 눈병까지 얻어서 청주로 요양을 가게 되셨습니다.

"상감 마마, 지금은 안정을 취하실 때이옵니다. 제발 책을 거두어 주소서."

임금을 치료하는 의원의 지극한 만류에도 불구하고 세종은 한글에 관한 책들만은 손에서 놓질 않았습니다.

그러나 한글 만드는 일이 그리 순조로운 것만은 아니었습니다.

어느 날 최만리라는 학자가 몇몇 무리들과 더불어 상소를 올렸습니다.

"폐하! 중국 문자를 가지고도 충분히 뜻을 표시할 수 있는데, 무엇 때문에 새삼스럽게 문자를 만드십니까?"

세종 대왕은 최만리에게 호통을 쳤습니다.

"우리 말을 중국의 문자를 빌어 기록하는 일이 부끄럽지도 않단 말이오? 이 일은 한자를 익히지 못한 일반 백성을 위한 일이니 다시는 거론하지 마시오!"

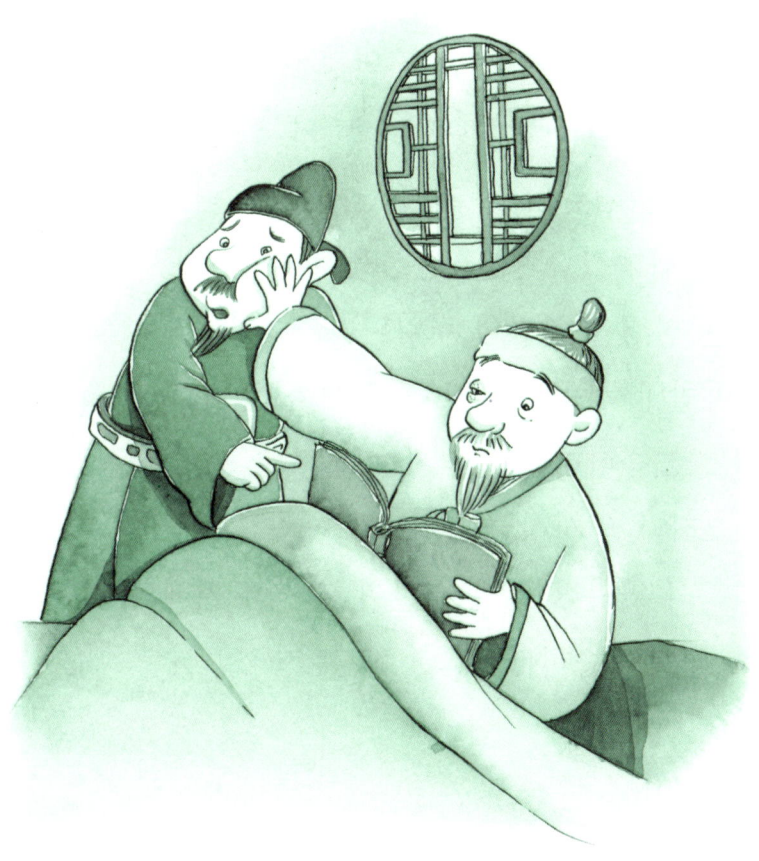

최만리는 얼굴이 새빨개져 아무 말도 할 수 없었습니다.
　지극한 정성 끝에 새로운 글자가 빛을 보게 되었습니다. 그것이 1446년의 일이었습니다.
　"이 글자는 오래도록 백성들을 바르게 이끌 것이니 '훈민정음'이라 이름을 짓는 것이 어떻겠소?"
　세종 대왕이 만드신 훈민정음이 지금 우리가 사용하고 있는 한글입니다.
　세종은 임금이 된 지 31년째 되던 해 겨울부터 건강이 나빠졌습니다. 백성을 위한 나라 일에 너무 많은 신경을 쏟았던 탓입니다.
　마침내 세종은 1450년 54세를 일기로 고요히 잠이 드셨습니다.
　그러나 역사상 가장 위대한 임금인 세종 대왕은 민족의 얼인 한글과 더불어 영원히 겨레의 가슴 깊이 살아 있습니다.

한국이 낳은 천재 음악가
안익태

"이게 아니야!"

한 젊은 남자가 머리를 감싸쥐며 소리 질렀습니다. 그는 책상 위에 놓인 오선지를 북북 찢어 버렸습니다.

그리고 잠시 눈을 감았습니다. 깊은 생각에 빠져 있는 게 틀림없었습니다.

얼마나 시간이 지났을까? 그는 다시 펜을 쥐었습니다.

그리고 미친 듯이 오선지 위에 음표를 적어 나갔습니다. 그러다 잠시 손을 멈추고 이번에는 고개를 끄덕이며 멜로디를 흥얼거렸습니다.

"아니야, 이건 깊이가 없지 않은가? 이걸로는 도저히 우리 민족의 위대함을 표현할 수 없어!"

그는 다시 절망스러운 음성으로 중얼거렸습니다.

그의 이름은 안익태였습니다.

그는 오랫동안 우리 나라의 국가를 작곡하는 일에 매달려 왔습니다.

민족의 장대함과 고귀함을 노래에 담고 싶었지만 뜻대로 되지 않았습니다.

안익태는 벌써 며칠째 밤잠을 이루지 못하고 책상 위에서 설핏 잠이 들 때가 많았습니다.

당시 우리 나라는 국가를 영국 민요에 가사를 붙여 부르고 있었습니다. 안익태는 이런 실정을 퍽 안타깝게 생각해 왔습니다.

"우리 민족이야말로 오천 년 역사의 유구한 전통을 지니고 있지 않는가. 이런 탁월한 민족이 남의 곡조를 빌어 애국가를 부른대서야 말이 되나. 우리 나라에 맞는 노래를 내 손으로 기필코 만들고 말리라!"

느지막이 잠에서 깬 안익태는 거리로 나섰습니다. 걷고 있는 그의 머리 속에는 온통 애국가에 대한 생각으로 가득 차 있었습니다.

"따라리라 라리라라 라라라라라라……."

그는 콧노래를 흥얼거리며 애국가의 곡조를 떠올려 보려 했습니다. 지나가는 사람들은 그를 이상하다는 듯 빤히 쳐다보았습니다.

"그래, 이거야!"

갑자기 걸음을 멈춘 안익태는 혼자 탄성을 내지르며 집을 향해 뛰기 시작했습니다.

그 날부터 안익태는 집 대문을 걸어 잠근 채 머리 속에 그려진 악보를 정리해 나가기 시작했습니다. 밥 먹는 것도 자는 것도 잊은 채로 말입니다.

당시 안익태는 유럽의 여러 유명한 악단의 지휘자로서 활약하고 있었습니다.

얼마 후, 오스트리아의 빈 필에서 연주회가 있었습니다.

연주장에는 많은 청중들이 자리를 차지하고 앉아 안익태를 기다리고 있었습니다.

"오늘 안익태 씨는 첫 번째로 무슨 곡을 연주할까요?"

어떤 점잖은 부인이 남편에게 물었습니다.

"그는 한국이 낳은 천재적인 음악가이지. 그는 후기 낭만파 계열의 작품을 주로 연주한다오."

잠시 후, 지휘자가 단상에 올라섰습니다. 여기저기서 우레와 같은 박수소리가 터져 나왔습니다.

청중들이 조용해질 무렵 연주가 시작되었습니다. 청중들은 약간 당황스러운 표정을 지었습니다.

처음 듣는 곡이었기 때문입니다.

"여보, 이게 무슨 곡일까요? 낭만파 계열의 곡 중에 이런 게 있었나요?"

조금 전의 그 부인이 소곤거리며 물었습니다.

"쉿, 조용히 하시오. 나도 처음 듣는 곡이오. 하지만 몹시 장중하고 어딘가 모르게 기품이 느껴지는구료."

연주가 진행될수록 사람들은 곡에 매료되었습니다. 이어 연주가 끝나자 여기저기서 박수소리가 터져 나왔습니다.

안익태가 청중을 향해 돌아섰습니다. 그리고 천천히 입을 열었습니다.

"이 곡은 저의 조국 대한 민국을 대표하는 노래

랍니다. 곡명은 〈한국 환상곡〉이지요. 얼마 전에 제 손으로 작곡한 곡입니다. 지금 저희 조국은 일제의 식민 치하에서 신음하고 있습니다. 제 몸은 비록 이역 만리 유럽에 있지만, 하루도 조국을 잊은 적이 없답니다. 조국의 광복을 기원하는 의미로 〈한국 환상곡〉을 가장 먼저 연주한 것입니다."

안익태의 말이 끝나자 장내의 청중들은 다시 한 번 뜨거운 박수를 보냈습니다.

이 때부터 안익태가 지휘를 시작할 때는 항상 〈한국 환상곡〉을 먼저 연주했습니다. 그에게는 그것이 하나의 원칙이 되다시피하였습니다.

동해물과 백두산이 마르고 닳도록
하느님이 보우하사 우리 나라 만세
무궁화 삼천리 화려 강산
대한 사람 대한으로 길이 보전하세

나라에 기쁜 일이나 슬픈 일이 생기면 우리 민족은 항상 애국가를 불렀습니다. 애국가는 우리 민족의 얼이 서린 노래라 할 수 있지요.

　어린 시절 익태가 음악과 인연을 맺은 곳은 교회였습니다. 익태가 다니던 교회의 선교사님은 음악에 재주가 많았습니다. 아이들에게 피아노도 가르쳐 주었습니다. 특히 선교사는 어린 익태의 음악적 재능에 놀랐습니다.

　선교사의 가르침으로 익태는 일찍부터 음악에 눈을 떴습니다.

　안익태는 평양에서 평양 숭실 학교를 마치고 일본으로 건너갔습니다.

　젊은 안익태는 일본 국립 음악 학교에서 공부했습니다. 그 곳에서 본격적으로 첼로를 배웠지요.

　안익태는 음악 학교를 졸업하고 보다 깊이 음악을 공부하고 싶었습니다. 그래서 미국으로 건너갔지요.

　안익태는 미국에서 필라델피아 커티스 음악 학교에 입학했답니다. 미국에서 그는 늘 자랑스러운 한국인이었습니다.

　또 신시내티 음악 학교에서는 첼로와 작곡을 열

심히 공부했습니다.

"미국은 고전 음악의 본고장이 아니야! 하루라도 빨리 유럽에 가서 새롭게 음악을 공부해야겠는 걸!"

1936년 안익태는 꿈에도 그리던 유럽으로 건너가게 되었습니다.

1937년에 그는 리하르트 시트라우스의 제자가 되었습니다.

1939년에 안익태는 부다페스트 국립 음악 학교에서 공부했습니다. 거기에서 안익태는 지휘자로서 여러 나라를 순례하였습니다. 교향악단의 연주가 안익태의 지휘로 이루어졌던 것입니다.

그 뒤 안익태는 영국의 로열 필하모닉, 이탈리아의 로마 교향악단을 지휘하기도 했습니다. 그의 명성은 날로 높아만 갔습니다. 나중에는 각국의 유명한 2백여 교향악단을 지휘하기도 했답니다.

1965년 7월 4일, 런던 로열 알버트 홀에서는 뉴 필하모닉 교향악단에 지휘자로 초청되었습니다.

그 연주회에서도 안익태는 한국 노래를 연주했습

지요. 그러나 그 해 여름 9월 17일, 안익태는 세상을 떠났습니다. 스페인 바르셀로나 병원에서였지요.

비록 그는 세상을 떠났지만 그를 사랑하는 사람들은 많았습니다. 사람들은 그를 추억하고 싶었습니다. 그리하여 1957년에는 문화포상과 문화훈장 대통령장을 수여하기도 했답니다.

세계를 무대로 민족 운동을 펼친
도산 안창호

안창호 선생은 1878년 11월 9일, 평안도 대동강 하류의 도룡도에서 안흥국의 아들로 태어났습니다. 아버지는 농부였습니다.

안창호는 어려서부터 효심이 지극하고 천성이 착한 아이로 칭찬이 자자했습니다. 또한 두뇌가 명석하여 신동이라고 소문이 퍼졌습니다.

하지만 일곱 살 때 아버지께서 갑자기 돌아가시는 바람에 한학에 관심이 많은 할아버지 슬하에서 자라야 했습니다.

도산이 열여섯 살 때, 동학 혁명이 일어났고 이 혁명의 소용돌이는 그 이듬해 청일 전쟁으로 번졌습니다.

청일 전쟁은 청나라와 일본간의 전쟁인데 우리 나라를 무대로 벌어진 전쟁입니다. 그러다 보니 우리의 삼천리 금수강산은 여지없이 짓밟히고 말았습니다.

창호는 청나라와 일본이 우리 나라에 와서 싸우는 까닭을 이해할 수 없었습니다.

"우리가 힘이 없기 때문이지. 서로 우리 나라를 삼키려고 으르렁거리는 것이 아니겠냐."

그 말이 창호는 너무 가슴 아팠습니다.

"그래, 힘을 길러야 해. 청나라도 일본도 우리가 다스릴 수 있을 만큼 힘을 길러야 해. 나라에 보탬이 되려면 나부터 더 배워야겠구나."

이렇게 결심한 안창호는 그 길로 서울을 향했습니다.

서울에 도착한 그는 구세 학당에 입학하여 새로운 학문을 닦았습니다.

여기서 그는 기독교에 입교하여 사랑과 진리에 대한 숭고한 경험을 하였습니다. 사실 안창호의 인격과 사상은 기독교의 가르침에 힘입은 것들이었습니다. 또한 교인들은 유난히 애국심이 강하여 안창호에게도 적잖은 영향을 끼쳤습니다.

도산은 스무 살에 서재필이 만든 독립협회에 가입하여 자유와 독립정신을 배웠습니다.

스물한 살이 되던 해에는 독립협회 주최로 열린 만민 공동회에서 구국의 열변을 토했습니다. 당시 주최지는 평양의 쾌재정이었습니다.

도산의 이 연설은 어찌나 감동스러웠던지 훗날 '쾌재정의 연설'이란 이름까지 얻었습니다.

그러나 독립협회는 오래지 않아 정부의 탄압으로 해산되고 말았습니다. 정부의 어두운 부분만 너무 보도했다는 죄목이었습니다.

도산은 고향으로 돌아와 점진 학교라는 사립 학교를 세워 젊은이들을 가르쳤습니다.

1902년 스물다섯 살에 도산은 새로운 세상에서 견문을 넓히고 싶어 미국 유학길에 올랐습니다.

금전적인 어려움 때문에 낮에는 노동을 하고 밤에는 학교에 나가 공부했습니다. 남의 집 품팔이라도 사양하지 않았습니다.

영어에 능숙치 못한 도산은 기초부터 다져야 했습니다. 그는 열 살 안팎의 어린 소년들 틈바구니에 끼여 공부를 했습니다.

어느 날 도산은 샌프란시스코의 거리를 걷게 되었습니다. 대낮부터 한국의 장사꾼 둘이 머리채를 부여잡고 욕설을 퍼부으며 싸우고 있었습니다. 이 광경을 본 도산은 너무 서글퍼졌습니다.

"나라를 빼앗긴 것도 서러운데, 이역만리 타향에서 같은 동포끼리 저렇게 싸워야 할까?"

그렇게 하여 도산은 샌프란시스코의 한인 노동자들을 가르치고 깨우치는 데 힘을 쏟았습니다.

도산은 그들에게 민족의 긍지를 심어주려고 노력했습니다. 먹고 사느라 민족적 자부심을 느낄 겨를이 없는 사람들이었습니다.

시간이 갈수록 교포들은 도산의 말에 귀기울였고 배운 바를 생활 속에서 실천해 나갔습니다.

1906년 도산은 기울어진 나라의 운명을 바로잡기 위해 고국으로 돌아왔습니다.

스물아홉에서 서른 살 사이에 도산은 가장 눈부

신 활동을 하였습니다. 그 시기에 도산은 세 가지 일에 마음을 쏟았습니다.

첫째, 밀물처럼 몰려오는 일본의 힘을 막고, 민족 독립의 정치적 힘을 키우기 위해 신간회를 조직하였습니다.

둘째로 대성 학교와 청년 학우회를 만들어 여러 인물을 기르고 국민에게 자주 독립의 정신을 가르쳤습니다.

셋째로 태극 서관 등을 만들어 우리 나라의 산업을 일으키고 경제력을 길렀습니다.

1910년에 우리 나라는 강제로 일본에 의해 합방되었습니다. 독립지사의 한 사람인 그는 감시의 대상이 되었습니다. 어디를 가든 미행자가 따라다녔습니다.

결국 도산은 미국에 가서 보다 새로운 활동으로 힘을 기르리라 다짐했습니다.

1913년 도산은 샌프란시스코에서 흥사단을 창설하였습니다.

흥사단은 무실, 역행, 충의, 용감의 4대 정신을

기치로 내세웠습니다. 이러한 흥사단은 조국의 앞날을 짊어질 튼튼한 기수를 길러내기 위한 도산의 굳은 신념이 얽힌 청소년 단체였습니다.

1919년 국내에서 3·1 운동이 일어나자 중국 상해에서는 임시 정부 수립의 움직임이 일었습니다. 이 때 도산은 상하이로 가서 이 일에 적극 협력하여 마침내 '대한민국 임시 정부'를 수립하여 세계 만방에 선포하였습니다. 한때, 도산은 임시 정부의 내무 총장이란 중책을 맡기도 했습니다.

상해에서 도산은 김구와 함께 한국 독립당을 만들어 비밀스런 무장투쟁을 지시하기도 했습니다.

그러던 중 윤봉길 의사의 의거와 관련된 혐의로 일본 경찰에 체포되어 서울로 압송당했습니다.

상해에서 체포될 때의 일입니다.

윤봉길 의사의 폭탄 투척 사건이 있자 왜경들은 한국인이면 모조리 체포하려고 상해 시내에 삼엄한 경비를 펴고 있었습니다.

특히 도산은 주요 인물로 찍혀 있었습니다. 그런데 도산이 왜경에게 잡히고 만 데는 그만한 이유가 있었습니다.

도산은 이만영이란 소년에게 소년단 기부금 2원을 주기로 약속한 일이 있었습니다.

도산은 이 어린이와의 약속을 어기지 않으려고 위험을 무릅쓰고 그 아이 집을 방문하다 왜경에게 체포되고 말았습니다.

도산은 일본 검찰에게 잡혀 심한 고문을 당했습니다.

"또 독립 운동을 하겠는가?"

일본 검사는 다그치듯 물었습니다.

"내게는 밥을 먹는 것도 독립 운동이요, 잠을 자는 것도 독립 운동이다. 나더러 민족의 독립을 포기하라는 것은 죽으라는 것과 같다! 죽어서라도 혼이 있으면 나는 독립 운동을 할 것이다."

도산은 의연한 자세로 말했습니다.

모진 고문 끝에 도산이 감옥에서 풀려나 평안도 선천으로 갔을 때였습니다. 고을 사람들은 고생한 도산을 좋은 음식으로 대접하고 따뜻한 이부자리에서 하룻밤이라도 자게 하려 애썼습니다.

그 모습을 보며 도산은 목이 메어 말을 잇지 못했습니다.

새벽 무렵 잠에서 깨어난 도산은 옆에 자고 있는 사람을 깨웠습니다.

"저는 우리 민족의 죄인이올시다. 이 민족이 이렇게 저를 위해 주는데, 저는 민족을 위해 아무 것도 한 일이 없습니다. 저는 죄인이올시다."

도산은 밤새 참고 참았던 울음을 터뜨리고 만 것입니다.

어느덧 도산의 나이는 예순이 다 되었습니다. 험한 감옥살이를 견디기에는 너무 늙은 나이였지요. 고문으로 인해 몸 어디도 성한 곳이 없었습니다.

병이 심해지자 도산은 임시로 풀려나와 서울 대학 병원에 입원했습니다.

어느 날 동지 한 명이 문병 차 들렀습니다.

"낙심하지 마시오. 머지 않아 틀림없이 독립이 될 것입니다. 민족의 꽃봉오리인 젊은이들이 낙심하면 그 민족은 죽는 법이오."

도산은 침실에 누워 문병 온 젊은이의 손을 붙들고 말했습니다.

"선생님, 고맙습니다. 절대로 낙심하지 않겠습니다."

그 동지는 도산의 손을 꼬옥 잡으며 감격의 눈물을 흘렸습니다.

이렇듯 도산은 죽음을 목전에 두고서도 민족의

독립만을 염원하였습니다.

1938년 3월 10일 밤, 도산 안창호 선생은 예순한 살의 나이로 세상을 떠났습니다.

도산 선생은 갔지만, 그가 만든 조직과 계획한 사업들은 광복의 그 날까지 쉼없이 움직였습니다.

또한 그의 조국을 사랑하는 마음에서 싹튼 여러 사상들은 후대에까지 길이 빛날 것입니다.

동요에 바친 삶 윤극영

푸른 하늘 은하수 하얀 쪽배엔
계수나무 한 나무 토끼 한 마리
돛대도 아니 달고 삿대도 없이
가기도 잘도 간다 서쪽 나라로

　일본이 우리 나라를 지배하던 시기, 우리 민족은 스스로를 돌볼 힘이 없었습니다. 무력을 앞세운 일본은 우리의 농토를 빼앗기도 하고, 민족의 지도자들을 감옥에 가두기도 했습니다. 심지어는 우리 글을 없애려고까지 하였습니다.

힘없는 우리 민족은 마치 돛대도 아니 달고 삿대도 없이 바다 위를 항해하는 쪽배와도 같은 신세였습니다. 당시의 이런 참담한 나라 형편은 '반달'이란 동요에 잘 나타나 있습니다.

윤극영은 1903년 9월 6일 서울 종로에서 태어났습니다.

승지라는 벼슬을 하시던 할아버지 윤직선은 일제의 강압이 시작되자 관직에서 물러났습니다. 아버지 윤정구도 관직을 싫어했습니다.

하지만 집안은 대체로 유복한 편이어서 윤극영은 편안한 유년 시절을 보낼 수 있었습니다.

어린 극영은 노래 부르는 것을 좋아하였습니다. 때문에 다른 어떤 과목보다도 음악 시간을 특히 좋아했습니다.

"극영이는 악보만 보고 바로 노랠 부르는구나. 이거 잘하면 우리 반에서 뛰어난 음악가가 한 사람 나올 것 같은데."

음악 선생님은 극영의 음악적 재주를 칭찬하며 장차 음악가가 되라고 권유하셨습니다. 때때로 음악 선생님은 극영이에게 아이들을 가르칠 기회를 주곤 했습니다.

"극영아! 오늘은 내가 몸이 좋질 않으니, 네가 한번 노래를 아이들에게 가르쳐 보렴."

"제, 제가요?"

"하하, 왜 그러니? 평소 하던 대로 악보를 보고 떠오르는 음정을 소리로 바꿔 놓기만 하면 되지 않니? 어서 해 보렴."

선생님의 재촉에 못 이겨 극영은 교실 앞으로 나아갔습니다.

극영은 앞으로 나가 호흡을 가다듬었습니다. 교실 아이들도 극영이 어떻게 하나 보려고 조용해졌습니다.

그러자 부드럽고 아름다운 목소리가 교실 안으로 울려 퍼졌습니다. 이어 극영의 입에서는 섬세한 고음이, 때로는 애잔한 음정이 흘러나오는 것이었습니다.

어느 새 아이들은 극영의 목소리에 취해 넋을 잃고 말았습니다. 극영이 노래를 끝내자 여기저기서 박수 소리가 터져 나왔습니다.

"그 노래가 이토록 아름다운 줄 미처 몰랐구나!"

선생님도 노래 솜씨를 칭찬해 주셨습니다.

선생님의 권유로 극영은 음악 공부에 대한 꿈을 키워 나가게 되었습니다.

나이가 들수록 극영은 더욱 음악을 공부하고 싶어졌습니다. 그래서 하루는 아버지에게 자신의 장래를 말씀드렸습니다.

"아버님, 저는 오래 전부터 음악가가 되고 싶었습니다. 음악이 아닌 다른 어떤 것도 제게 만족을 주지 못합니다."

"아니, 극영아! 그게 무슨 소리냐? 네가 물론 노랠 잘 하는지 알지만, 그깟 음악을 해서 사내 대장부가 무엇에 쓴다고! 누누이 말했지만 넌 법관이 되어야 한다."

"하지만 아버님……."

"아무 소리 마라. 음악이야 취미로라도 할 수 있는 것 아니냐? 너와 같은 젊은이는 나라 일에도 관심을 가져야 한다. 법관이 된다면 너도 나라에 보탬이 될 것이야."

 아버님의 말씀에 극영은 망설일 수밖에 없었습니다. 결국 극영은 법관이 되어 나라 일에 힘을 기울이는 것도 훌륭한 일이란 생각에 경성 법학 전문학교에 들어갔습니다.

 그러나 딱딱한 법조문을 읽노라면 마음은 어느새 음악의 나라에 가 있었습니다. 수업 시간에도 좀처럼 집중할 수가 없었습니다. 극영 또한 자신의 음악에 대한 열정이 이렇게까지 강한 줄 미처 몰랐던 것입니다.

 결국 극영은 다시 음악의 길을 가기로 마음을 바꾸었습니다.

 "소를 물가에까지 끌고 갈 수 있지만, 억지로 물을 먹일 수는 없다는 말이 맞구나. 네 뜻이 정 그렇다면, 음악을 하거라."

 아버지도 더 이상 극영의 뜻을 막을 수가 없었습니다.

 이리하여 극영은 음악을 공부하기 위해 동경 유학 길에 오르게 되었습니다.

그 곳에서 극영은 바이올린을 공부했습니다.

그러던 어느 날 성악 시간이었습니다. 여느 날처럼 극영은 동료들과 어울려 기분 좋게 노래를 부르고 있었습니다.

그런데 이 날 따라 선생님께서 극영을 유심히 지켜보는 것이었습니다.

"자, 다른 사람들은 가만히 있고, 극영군 혼자서 방금 부른 노랠 다시 불러 봐요."

"저 혼자서요?"

극영은 놀랐지만 정신을 차리고 목청을 가다듬었습니다.

잠시 후 극영은 평상시와 다름없는 목소리로 노래를 불렀습니다. 그러자 선생님의 눈빛은 차츰 빛나기 시작했습니다.

"아주 훌륭한 목소리야. 자네 지금 무엇을 전공하나?"

"예, 바이올린을 공부하고 있습니다."

"바이올린이라? 좋은 악기지. 한데, 내 생각 같아서는 자네가 성악을 공부했으면 하네. 좀처럼 만나기 힘든 좋은 목소리를 지녔기 때문에 하는 말이야."

"예?"

이렇게 하여 극영은 바이올린 대신 성악을 공부하게 되었습니다. 또한 여러 선생님들의 지도로 음악 이론과 피아노도 배우게 되었습니다. 달이 가고 해가 감에 따라 극영의 음악 실력은 몰라보게 발전해 갔습니다.

동경에 온 지도 어느덧 2년이 지난 1922년 가을이었습니다. 처음엔 낯설기만 하던 동경 생활도 이젠 익숙해져 별다른 불편함이 없었습니다. 단지 이따금 가족이 보고 싶어 견디기 힘들 뿐이었습니다.

이 무렵에 극영은 동경의 하숙집에서 소파 방정환을 만나게 되었습니다. 방정환은 3·1 운동 때 민족 대표 중 한 사람이었을 뿐만 아니라, 〈신여성〉과 〈어린이〉란 잡지도 펴내고 있었습니다.

윤극영이 피아노를 치는 저녁 무렵이면 어김없이 방정환이 찾아오곤 하였습니다.

둘은 오래된 친구처럼 마음 깊은 곳에 있는 얘기

들을 털어놓곤 하였습니다.

"나라 형편이 갈수록 어려워지니 큰일이네. 이제 우리 말까지 빼앗으려고 한다는구만."

"허허, 이 사람아! 그렇게 푸념만 늘어놓는다고 해결되는 일이 있나? 생각을 모으다 보면 우리도 나라를 위해 뭔가 할 수 있을 것이네."

"나도 무슨 일이든 해 보고 싶네. 하지만 내 힘으로 무슨 일을 할 수 있을지 궁금하네."

"내 생각에는 극영이 자네야말로 지금 조국이 가장 필요로 하는 사람이 아닐까 하네."

"아니, 그게 무슨 소린가?"

"자네는 음악에 재능이 있네. 알다시피 음악은 사람의 마음을 사로잡는 마력이 있네. 음악에 나라의 사정을 담아 널리 불리우게 하는 것도 한 가지 애국의 방법이라고 생각하네."

"아, 자네는 생각하는 게 보통이 아니군. 사실 나도 오래 전부터 음악이 지닌 힘을 이용한다면 나라에 보탬이 될 일을 할 수 있을 거라 생각했네. 그래서 몇 편의 곡도 작곡했다네."

"오, 그런가? 내가 한번 볼 수 있겠나?"

윤극영이 방정환에게 건네준 종이 위에는 동요 몇 편이 적혀 있었습니다.

"이건 동요 아닌가? 잘 됐네. 나라의 미래는 자라나는 새싹들의 것이라지 않나. 어린이들에게 아름다운 노래를 가르치는 것도 훌륭한 일이라고 생

각하네."

"고맙네! 내 힘닿는 데까지 해 보겠네."

두 사람은 서로 손을 맞잡고 눈물을 글썽였습니다. 이 후 곧바로 그들은 사람들을 모아 색동회라는 조직을 만들었습니다.

색동회의 사람들로는 방정환과 윤극영을 비롯한 조재호, 손진태, 진장섭, 정순철, 고한승 등이 있습니다. 색동회 사람들은 여러 가지 강연 활동을 하며 어린이 문화 운동에 힘썼습니다.

이 때부터 윤극영의 동요 작곡은 본격적으로 불이 붙기 시작했습니다.

색동회에서 창의적으로 일하기 위해서는 동요가 필요했던 것입니다. '설날'이란 동요도 이 때 만들어졌습니다.

까치 까치 설날은 어저께고요
우리 우리 설날은 오늘이래요
곱고 고운 댕기도 내가 드리고
새로 사온 신발도 내가 신어요

또한 윤극영은 직접 아이들을 모아 노래를 가르치기도 했습니다. 그리하여 몇 명의 사람들과 '달리아회'라는 모임을 만들어 어린이들에게 동요를 가르쳤습니다.

이렇게 '달리아회' 활동을 열심히 하는 동안 윤극영은 〈반달〉, 〈할미꽃〉, 〈따오기〉, 〈고드름〉 등의 주옥 같은 동요들을 작곡하였습니다.

그러던 어느 날 윤극영은 자신이 지금껏 작곡한 노래가 몇몇 아이들 사이에서만 불려진다는 것을 깨달았습니다.

"나라 안의 모든 어린이들이 같이 부르면 얼마나 좋을까?"

그 당시 일제는 학교에서 우리 나라 노래를 부르지 못하도록 하고 있었습니다. 우리 노래가 불려지면 민족의 얼이 되살아난다는 이유에서였습니다.

그러나 윤극영은 어떻게든 모든 아이들에게 자신의 노래를 알리고 싶었습니다.

결심이 서자 그는 곧 등사기계를 하나 구해 자신의 곡들을 복사하였습니다. 그리고는 그것을 서울의 모든 초등학교 선생님들에게 보냈습니다.

　선생님들은 우리 동요를 아이들에게 가르치기 시작했습니다.

　삽시간에 윤극영의 노래는 서울에 사는 어린이들에게 퍼졌습니다.

　이렇게 되자 일본 총독부에서도 손을 쓸 수가 없었습니다. 노래가 이미 멀리까지 퍼져 있었기 때문입니다.

　우습게도, 나중에는 〈반달〉이란 노래의 곡조를 흥얼거리는 일본인들도 생겨났습니다.

　이 후에도 윤극영은 많은 동요를 작곡하였습니다. 〈흐르는 시내〉, 〈나란히〉, 〈봄이 와요〉 등의 노래들은 지금도 아이들이 많이 부르는 노래입니다.

　1926년 윤극영은 사랑하는 여인 인경과 간도를 향해 떠나게 되었습니다. 간도에서도 극영은 동요 작곡을 멈추지 않았습니다.

　　고기를 잡으러 바다로 갈까나
　　고기를 잡으러 강으로 갈까나

이 병에 가득히 넣어가지고요
라라라라 라라라라 온다야.

쏴쏴쏴 쉬쉬쉬 고기를 몰아서
어여쁜 이 병에 가득히 차면은
선생님한테로 가지고 온다야
라라라라 라라라라 안녕.

〈우산 셋이 나란히〉, 〈제비 남매〉, 〈고기잡이〉, 〈모래성〉 등이 간도에서 활동할 당시 만들어진 동요들입니다.

1945년 8월 15일, 우리 나라는 드디어 광복의 기쁨을 누리게 되었습니다.

그러나 뜻하지 않은 불행이 윤극영에게 찾아 왔습니다. 한국인으로서 일본어를 가르쳤다는 죄목으로 공산당에게 체포되었던 것입니다.

원래 몸이 약했던 윤극영은 감옥 생활을 견디지 못하고 병이 나고 말았습니다.

갖은 고생을 겪고서야 마침내 1947년 가을에 윤

극영은 서울에 도착할 수 있었습니다.

"윤 선생님이 서울로 돌아오셨다는군!"

누구보다 색동회 사람들이 윤극영을 반겨 주었습니다.

"고맙소. 고향에 돌아오니 참으로 감개가 무량하군요. 앞으로도 동요를 더 열심히 작곡하겠소."

〈기찻길 옆〉, 〈동대문 놀이〉 등은 이 때 지어진 것입니다. 또한 그 무렵에 〈어린이 날〉 노래의 가사를 짓기도 했습니다.

날아라 새들아 푸른 하늘을
달려라 냇물아 푸른 벌판을
오월은 푸르구나 우리들은 자란다
오늘은 어린이 날 우리들 세상

한평생 동요 작곡과 어린이 문화 보급에 힘쓴 윤극영은 1988년 세상을 떠났습니다.

윤극영과 함께 어린이 문화 보급에 힘써 온 색동회 사람들과 친구들은 깊은 슬픔에 잠겼습니다.

그러나 그의 주옥같은 노래들은 어린이들의 가슴에 살아 영원토록 불리어지고 있습니다.

건강한 동요를 위하여 윤석중

　윤석중은 1911년 5월 25일 서울에서 태어났습니다. 집안은 유복한 편이었습니다. 하지만 어린 나이에 큰 불행을 겪지 않으면 안 되었습니다. 어머니가 돌아가신 것입니다.
　"이제부터 이 외할머니하고 살아야 한다."
　외할머니는 어린 손주를 안고 몹시 슬퍼하였습니다. 이 때부터 윤석중은 수은동 외할머니 집에서 지냈습니다.
　할머니는 자식이 없었습니다. 그런 까닭에 하나밖에 없는 손주를 끔찍이도 사랑하셨습니다.

"밖에 나가 놀지 마라, 다칠라."

"많이 먹지 마라, 배탈 날라."

"뛰어 놀지 마라, 넘어질라."

할머니는 자나깨나 손주 걱정밖에 없었습니다. 그런 탓에 석중은 밖에 나가서 놀기보다는 혼자 독서를 하거나 사색을 하며 지내는 시간이 더 많았습니다.

석중은 놀이 중에서 책 읽기가 가장 즐거웠습니다. 어린 나이에 읽을 수 있는 책은 모조리 읽었습니다.

그러다 보니 스스로 글을 써 보고 싶다는 욕심도 생겼습니다.

"네 글 솜씨는 정말 대단해."

"그 좋은 실력을 우리끼리만 감상할 게 아니라 좀 더 많은 사람들이 보게 하면 어떨까?"

"그게 좋겠다. 우리 잡지를 만들어서 많은 사람들이 네 글을 읽도록 해보자."

글에 관심이 많은 친구 몇 명이 석중을 부추겼습니다.

"글쎄, 아직 그럴 실력이 아닌데……."

석중은 잠시 망설였지만 이내 허락을 하고 말았습니다. 처음에는 미숙할 수도 있겠지만 하다 보면 정말 좋은 잡지로 성장할 수도 있겠다는 욕심이 슬그머니 들었습니다. 또한 많은 사람들이 좋은 글을 대하면서 살 수 있게 한다면 그것도 좋은 일이라고 생각했습니다.

이렇게 해서 잡지를 창간하였습니다.

집에서 응석이나 부릴 열 서너 살짜리 아이들은 〈꽃밭사〉라는 글동무회가 만들어졌다는 소문이 나자 모두들 호기심을 가졌습니다.

부족한 점도 많고 초라한 잡지였지만 윤석중은 첫 잡지를 받아들고 무척 만족스러워했습니다.

다음 해인 1924년, 윤석중은 아동 잡지인 〈신소년〉에서 동요 '봄'으로 입선하게 되었습니다. 그 계기로 동요 창작에 몰두하기 시작했습니다.

당시 우리 나라 문단에는 사람의 마음을 약하게 만드는 문학 사조가 유행이었습니다.

문학만이 아니라 미술도 마찬가지였습니다. 그것은 일본이 우리 나라의 기운을 빼기 위한 작전이었지요.

유명한 그림 대회에서 입선한 작품들도 움직임이 거의 없는 그런 것들이었습니다. 무표정한 여자의 얼굴이며 소년 소녀의 모습들이 많았습니다.

모두 일본의 농간 때문이었습니다. 활동적인 모습의 그림보다 그런 움직임이 없는 그림이 한국인의 힘찬 기운을 빼기에 적합했기 때문이지요.

"글을 읽으면 가난해진다."

그런 말도 수없이 나돌았습니다. 모두 일본 사람들이 퍼뜨린 말입니다. 그 무렵 일본인들의 독서 수준은 참으로 높았습니다. 그러면서도 한국인들에게는 가난하게 살기 싫거든 책을 읽지 말라는 말을 유행시켰던 것입니다. 그래야만 한민족을 자기들 손아귀에 쥐고 있을 수 있기 때문입니다. 책을 읽지 않으면 비판력도 약해질 것이고, 아는 것이 없으니까 자동적으로 일본의 종이 되고 말 거라는 계산이었지요.

그렇게 허무주의나, 퇴폐주의 같은 것들이 나라 전체를 휩쓸고 있었습니다. 우리 민족의 입장에서는 조금도 바람직하지 않은 유행이었습니다.

이런 문화의 병은 알게 모르게 동요에도 영향을 미쳤습니다.

예를 들자면 '넓고 넓은 바닷가에 오막살이 집 한 채'라든가 '남은 별 둘이서 눈물 흘린다'라든가 '내 어머니 가신 나라 달 돋는 나라' 등이 그러했습니다.

슬픔을 노래한 동요는 어린이마저 시름에 잠겨 눈물 짓게 할 수 있었습니다. 윤석중은 그것부터 몰아내야 된다고 여겼습니다.

"한숨과 슬픔을 동요에서 몰아내자!"

이렇게 결심한 윤석중은 민족과 어린이들에게 희망을 줄 수 있는 노래를 만들고자 노력했습니다. 그래야 정신부터 일본 손아귀에서 벗어날 수 있을 것 같았습니다.

그래서 윤석중의 노래에서는 병적이거나 청승맞은 것을 찾아 볼 수 없습니다. 의기소침해 있던 우리 민족에게 그의 동요는 한 줄기 희망의 빛과도 같았습니다.

앞장 선 젊은이 뒤를 따라
나날이 힘차게 자라는 나라
새 아침 밝아 온다, 새 나라의 새 아침
눈부신 거리 거리, 반가운 얼굴

골고루 다같이 땀을 흘려
　　골고루 다같이 사는 나라
　　새 살림 이룩하자, 새 나라의 새 살림
　　집집이 웃음 소리, 즐거운 강산

　〈새 나라 노래〉라는 작품입니다. 윤석중의 건강한 정신을 엿볼 수 있습니다.
　윤석중은 평생을 동요와 어린이를 위해 생활했습니다. 동요를 꿈꾸고, 동요를 먹고, 동요로 숨쉬며 살았던 것입니다.
　윤석중에게 동요를 쓴다는 것은 힘든 일이 아니라 즐거움 자체였습니다. 그는 숙련된 구두장이가 구두를 손질하듯 세련되게 동요를 지었습니다.
　"어둠이 가득한 이 나라에 빛이 있다면, 그것은 어린이다. 어린이들이 건강하게 자랄 수 있다면 우리 조국에도 크나큰 힘이 될 것이다."
　이런 생각에서 윤석중은 자신의 동요에 되도록 우리의 정서를 많이 담으려고 했습니다.
　그러다 보니 그의 동요는 민요풍이 많았습니다.

이것은 일제 시대 우리의 동요가 가지는 특징이기도 합니다.

윤석중의 동요에 나오는 아이들은 영리하지도 않습니다. 환상 속에서 살지도 않고, 신비스럽지도 않습니다. 일상에서 흔히 볼 수 있는 아이들이 대부분입니다. 잠 잘 자고, 밥 잘 먹고, 뛰고, 웃고, 무럭무럭 자라나는 아주 건강한 아이들이었습니다.

윤석중은 자연의 아름다움을 담는가 하면 어린이 행사날 풍경을 그리기도 했습니다. 또, 천진하게 잠이 든 어린 애의 풍경도 담았습니다. 어떤 동요에는 어머니의 사랑을 담기도 하였습니다.

윤석중은 동요를 만드는 일 이외에도 어린이를 위한 활동을 많이 하였습니다.

어린이에게 꿈을 심어주기 위해 신문이나 잡지를 펴낸 것은 그의 큰 공적이었습니다.

〈소년〉, 〈유년〉 등의 잡지를 주간했는가 하면, 1945년에는 〈어린이 신문〉을 창간했습니다.

또, 어린이 문학을 활성화시키기 위해 윤석중은 많은 아동 문학상을 제정하였습니다. 57년에 '소파

상'을, 73년에는 '새싹 문학상'을 제정하였습니다.

윤석중의 공적을 이야기할 때, 어린이 문화 보급에 앞장 선 사실도 빠뜨릴 수 없을 것입니다. 47년에는 노래 동무회를 만들어 윤극영과 함께 동요 보급에 앞장 섰고, 56년에는 새싹회를 창설하여 어린이 문화를 풍요롭게 했습니다.

윤석중의 삶은 일관되게 동요와 어린이를 위해 바쳐졌습니다. 그의 동요는 우리 나라 아동 문학의 고전이 된 지 오래입니다.

또한 외국의 동요들과 비교해도 손색이 없습니다. 뛰어난 작품성 때문에 오늘날까지도 많은 출판사에서는 그의 동요집을 펴내고 있습니다.

술과 문장의 대가 윤회

윤회는 1380년 춘추관동지사 윤소종의 아들로 태어났습니다.

윤회는 어려서부터 책을 몹시 좋아했습니다. 글을 읽을 줄 모르면서도 책만 보면 하루 종일 혼자 놀 수 있을 정도였습니다. 어른들처럼 혼자서 글 읽는 흉내를 내면서 말입니다.

"허허, 그 녀석 책이 그렇게도 좋으냐?"

아버지는 아들의 노는 모습을 보고 늘 흐뭇해 했습니다.

글을 읽을 줄 알게 되자 윤회는 남다른 재주를 보

였습니다. 어른들도 이해하기 어려운 책까지 척척 읽었습니다.

아버지는 아들에게 이렇게 타일렀습니다.

"사내란 태어나서 죽을 때까지 책을 다섯 수레는 읽어야 한다."

아버지의 말씀대로 윤회는 책 읽는 일에 절대 게으름을 피우지 않았습니다.

얼마 후에는 보지 않은 책이 없을 정도가 되었습니다. 그리고 한 번 본 것은 절대 잊지 않을 만큼 영리하기도 했습니다.

윤회는 1401년 태종 1년에 중광문과에 을과로 급제하였습니다. 시험에 합격한 윤회는 진사가 되었고 1409년에는 이조정랑이란 벼슬에 올랐습니다.

윤회는 무슨 일이든 한번 손을 대면 척척 해내는 재주를 지녔습니다. 제 아무리 골치 아픈 일이라도 윤회가 뛰어들면 아주 쉽게 해결 될 정도였습니다.

당시 골치 아픈 일 중에는 노비 문제가 있었습니다. 참으로 복잡하고도 힘든 일이었습니다. 윤회는 노비변정도감이 설치되자 제십방을 담당하여 신속 정확하게 판결을 해 주었습니다.

노비변정도감이란 조선 시대 노비의 호적에 따라 시비를 판정했던 관청입니다. 노비의 원래 호적을 없애고 새로운 것으로 정비했던 것이지요.

"윤회는 정말 재주가 뛰어난 사람이야!"

많은 대신들은 윤회를 유능한 관리라고 칭찬했습니다.

이 후 그는 여러 벼슬을 거쳐 1424년 집현전 부제학에 올랐습니다.

윤회는 재주만 뛰어났던 게 아닙니다. 항상 공정함을 잃지 않았습니다.

어느 날 윤회는 〈고려사〉라는 역사 책을 살펴보게 되었습니다.

"쯧쯧, 가관이구나. 한 나라의 역사를 이렇게 맘대로 기록해 놓다니. 다른 건 몰라도 역사만큼은 바르게 후세에 전해져야 한다."

〈고려사〉는 정도전이 편찬한 역사 책이었습니다. 정도전은 조선을 건국한 공신이었습니다. 때문에 그 책에서는 조선을 건국한 임금과 공신들을 무조건 칭찬하기만 했습니다.

윤회는 다른 것과 대조하여 〈고려사〉를 공정하게 다시 쓰도록 하였습니다.

윤회는 술을 매우 좋아했습니다. 그는 말술로도 유명했지만 술 버릇이 깨끗하기로도 유명했습니다.

어느 날 윤회는 모처럼 만에 술에 곤하게 취하였습니다. 집으로 돌아가 방에 들어서자 벌렁 눕기부터 했습니다.

그 때, 대궐에서 사람이 왔습니다.

"급히 대궐로 들어오시랍니다."

그 때까지 윤회는 술이 깨지 않은 상태였습니다. 임금님께서 부르신다는 말을 들은 윤회는 잠시 놀랐습니다.

"어인 일로 날 찾으실까!"

윤회는 여전히 술에 취해 몸을 제대로 가누지 못하고 있었습니다. 그런 몸으로 임금님을 찾아 뵌다는 것은 크나큰 실례였습니다. 그렇다고 임금님의 명을 어길 수도 없는 노릇이었습니다. 어쨌든 윤회는 대궐로 들어갔습니다. 도중에 거리에서 몇 번 넘어지기도 했습니다. 때로는 다른 사람의 부축을 받기도 했습니다.

세종 임금은 비틀거리며 들어오는 윤회를 유심히

보았습니다. 신하가 술에 취해 들어왔으니 마음 편하게 바라볼 수가 없었겠지요. 하지만 세종 임금은 시치미를 떼고 모른 체했습니다.

"경은 나라의 제도가 잘 갖추어졌다고 생각하오? 만약 그러하다면 그것을 한 편의 시로 나타내 보도록 하시오."

세종은 술에 취해 있는 윤회를 시험해 볼 요량이었습니다.

좌우에 있던 신하들은 모두 고개를 숙이고 있었습니다. 윤회를 걱정스러운 눈으로 쳐다보기도 했습니다.

드디어 붓과 종이가 윤회 앞에 놓였습니다.

윤회는 눈을 한번 지긋이 감았다가 떴습니다. 그리고는 글을 쓰기 시작했습니다. 그러나 어찌된 일인지 붓대는 나는 듯이 움직였습니다.

"아니, 이럴 수가! 천하의 명필은 술도 당하지 못하는구나."

윤회를 곁눈질하던 신하들은 입을 다물 줄 몰랐습니다.

"그대는 세상에 둘도 없는 천재로다!"

세종 임금도 무릎을 치며 탄복했습니다.

이 일이 있고 난 후, 윤회의 이름은 널리 알려졌습니다. 술에 취해도 그의 글에는 힘이 넘쳐 있었던 것입니다.

대궐에 잔치가 있을 때마다 윤회는 술에 혼곤히 취했습니다.

"어떻게 하면 술을 적게 마시게 할 수 있을까?"

세종 임금은 술이 지나친 윤회의 건강을 걱정하기에 이르렀습니다.

그러던 어느 날, 세종은 윤회를 불렀습니다.

"과인은 그대를 천하의 애주가로 알고 있소. 대체 술을 한번 마시면 얼마나 마시오?"

세종의 갑작스런 질문에 윤회는 고개를 갸우뚱거렸습니다.

"그리 많이 마시지는 않습니다. 주량이 적어 금방 취기가 올라올 뿐이지요."

"하하, 그렇소? 그렇다면 내 술잔을 하나 그대에게 하사하겠소. 앞으로는 술자리에 나갈 때 그것을 가지고 나가시오. 그래서 그 잔으로 딱 석 잔만 마시도록 하오."

세종 임금은 윤회에게 은으로 만든 술잔 하나를 건넸습니다.

윤회는 세종이 주는 술잔을 받았습니다. 아기 손바닥만한 작은 술잔이었습니다.

술 먹는 낙이 없다면 무슨 재미로 세상을 사나, 참으로 걱정이었습니다.

어떻게 하면 임금의 명도 어기지 않고 마음껏 술을 마실 수 있을까 궁리를 했습니다.

어느 날 윤회는 급히 하인을 불렀습니다.

"이 술잔을 가지고 대장간으로 가거라. 대장장이에게 부탁해서 가능한 한 큼지막하게 만들어 달라고 해라. 술만 새지 않으면 된다고 해라."

윤회의 생각을 눈치챈 하인은 입을 가리고 웃었습니다. 윤회는 못 본 척 하고 방으로 들어가 하인이 오기만을 기다렸습니다.

대장장이는 술잔을 바가지 만하게 만들어 주었습니다.

"허허, 이 정도면 충분하겠구나."

윤회는 몹시 기뻐했습니다.

이 후 윤회는 술자리가 있을 때마다 큰 잔으로 술을 석 잔씩 마셨습니다.

세종 임금은 예전처럼 늘 술에 취해 있는 윤회가 너무도 이상했습니다.

"경은 내가 준 잔은 어찌 하고 다른 잔으로 술을 마시오?"

"마마, 어찌 소인이 마마의 명을 어기겠습니다. 그 잔으로 딱 세 잔 이상은 절대 마시지 않고 있습니다."

윤회는 술잔을 보여주었습니다.

"아니 술잔이 어떻게 커졌단 말이오?"

"대장장이에게 크게 만들어 달라고 부탁하였사옵니다."

세종은 윤회의 재치에 웃고 말았습니다.

세상 사람들은 글과 술의 정기가 모아져 윤회 같은 현인을 낳았다고 말했습니다.

1432년에는 세종의 명을 받아 좌의정 맹사성과

함께 〈팔도 지리지〉를 엮었습니다.

이듬해는 중추원사 겸 성균관 대사성이 되었습니다. 이 때 대제학 정초와 함께 중국에 보내는 모든 외교 문서를 다루었습니다. 또한 〈자치통감훈의〉를 편찬하기도 했습니다.

그 후, 병조 판서를 거쳐 예문관 대제학에까지 올랐습니다.

그는 문장이 뛰어나 세종으로부터 '고금에 보기 드문 재사'라는 칭찬을 들었습니다.

윤회는 높은 벼슬을 했지만 재산을 모아 놓지 않아 늘 가난하게 살았습니다.

당대 문장의 최고봉이라 이름을 떨친 그는 1436년 세상을 떠났습니다.

하늘이 내린 과학자 장영실

장영실은 조선 시대 세종 때의 과학자입니다.

장영실은 천한 신분으로 태어났습니다. 그렇다면 천한 신분으로 어떻게 벼슬길에 올랐을까요?

그 시대에 천민은 절대 벼슬길에 오를 수 없었습니다. 세종 임금의 결단력 있는 선택과 장영실의 위대한 실력이 없었다면 우리 나라의 과학은 절대 발전하지 못했을 것입니다.

장영실은 물건 하나도 소홀하게 보는 일이 없었습니다. 작은 물건이라도 유심히 살펴 그 원리를 생각하고 결과를 생각했습니다.

망가진 물건이 있으면 재주껏 고쳐 놓았습니다.

어느 날 아침입니다.

우물가를 지나는데 이웃집 할머니가 넘어져서 쩔쩔매고 있었습니다.

"왜 그러세요, 할머니?"

영실은 빨리 달려가 할머니를 부축했습니다.

"이걸 어쩌냐? 항아리가 깨졌으니."

할머니 주변에는 깨진 항아리 조각이 널려 있었습니다.

"우리 집에 항아리라고는 이것 하나밖에 없는데, 앞으로 어떻게 물을 길러 먹냐?"

할머니는 울상을 지었습니다.

"할머니 걱정하지 마세요. 제가 할머니 걱정을 덜어 드릴게요."

"무슨 재주로?"

할머니는 장영실의 말을 믿지 않았습니다.

"걱정 말고 돌아가 계세요. 앞으로는 무거운 항아리를 이고 우물까지 오지 않아도 되게 해 드릴게요."

그 길로 장영실은 도끼와 나무 깎는 도구를 들고 산으로 올라갔습니다. 그리고 소나무 여러 그루를 베어 홈을 파기 시작했습니다.

영실 혼자서 일을 하니까 여러 날이 걸렸습니다.

어린 손에는 벌써 물집이 잡히고 여기저기 피가 흘렀습니다. 하지만 영실은 할머니가 기뻐하실 것을 생각하며 열심히 딱딱한 나무에 홈을 팠습니다.

드디어 우물에서부터 할머니 집까지 홈이 연결되었습니다.

"세상에. 어린 네가 어떻게 이런 기막힌 생각을 해낼 수 있었냐?"

할머니는 너무도 기뻐 눈물을 흘렸습니다.

"할머니 이제 물 길어 올 걱정은 안 하셔도 돼요."

장영실은 기뻐하는 할머니 곁에서 수줍게 웃었습니다.

하늘이 내린 재주꾼.

어려서부터 장영실을 아는 사람들은 모두 그렇게 말했습니다.

하지만 장영실은 몹시 외로웠습니다. 천한 신분이었기 때문입니다. 아이들은 영실을 보면 놀리기만 할 뿐 같이 놀아 주질 않았습니다.

혼자서 놀다 보니 신기한 것을 찾아내면 하루 해

가 다 지는 것도 몰랐습니다.

그 날도 영실은 대장간 앞을 지나고 있었습니다.

"저, 아저씨. 저도 그 일을 해 보면 안 되나요?"

영실은 쭈뼛거리며 대장간 아저씨 곁으로 다가갔습니다.

그렇게 해서 영실은 대장간에서 일을 하게 됩니다. 영실이 그 대장간에서 일을 하기 시작한 이후 굉장히 많은 일감이 몰려들었습니다. 영실의 세밀하고 기발난 생각들이 좋은 물건을 만들었기 때문이지요.

"너는 이런 곳에서 썩기가 아깝구나. 지방 관청으로 들어가 일을 하도록 해라."

어른들의 충고대로 영실은 동래현에서 지방 관청의 노비가 되었습니다.

동래현에 들어간 영실은 무기를 아주 잘 고쳤습니다. 아무리 못 쓰게 망가진 칼이나 창도 감쪽같이 고쳐 놓았습니다.

어느 해는 몹시 심한 가뭄이 들었습니다. 모두들 하늘만 올려다보며 한숨을 지었습니다.

나라와 고을에서는 정성을 다해 기우제를 지냈습니다. 그러나 하늘에서는 비 한 방울 내리지 않았습니다.

영실은 농부들의 시름을 덜어 주고 싶었습니다.

"마을에서 십리 가량 떨어진 곳에 개울이 하나 있습니다. 크지는 않지만 사철 물이 마르지 않는 개울로 알고 있습니다. 소인의 생각인데 그 개울물을 끌어오면 충분히 논에 물을 댈 수 있을 것입니다."

영실은 사또를 찾아가 자신있게 말했습니다.

"당치도 않은 소리! 십리 밖에서 물을 끌어오다니!"

"길만 제대로 내준다면 물이란 십리가 아니라 백리 밖에서도 끌어올 수 있습니다."

영실은 어린 시절 할머니를 위해 홈통을 만들어 물길을 냈던 일을 설명했습니다.

달리 방법이 없었습니다. 사또는 곰곰히 생각해 보고는 그렇게 하라고 허락을 했습니다.

장영실의 생각이 맞았다는 것은 금방 증명이 되

었습니다.

마침내 물길이 트였습니다.

"만세! 벼가 살아났다. 장영실 만세!"

농부들의 기쁨은 이루 말할 수 없었습니다.

이 소문은 빠른 속도로 퍼져 나갔습니다. 삽시간에 온 나라에 번져 나간 이 소문은 드디어 임금의 귀에까지 들어가게 되었습니다.

세종 임금은 당장 장영실을 대궐로 부르라고 명령을 내렸습니다. 많은 대신들이 천한 신분의 사람을 궁궐로 불러들여 벼슬을 준다는 것은 있을 수 없다고 반대를 했지만 세종 임금은 뜻을 굽히지 않았습니다.

"나라를 위하는 일에 천민 양반이 무슨 소용이란 말이오!"

오히려 엄하게 대신들을 꾸짖었습니다.

벼슬길에 오른 영실은 이 모든 것이 꿈만 같았습니다.

'이토록 엄청난 은혜를 베풀어 주신 임금을 위하여 있는 힘과 정성을 다하리라!'

당시 세종 임금은 경북궁에 설치할 천문 관측 기구의 제작을 서둘렀습니다. 천문 관측 기구를 만드는 일은 특별한 기술이 필요했습니다. 사물의 이치를 꿰뚫어 볼 수 있는 힘과 빼어난 손재주를 지닌 자가 필요했습니다.

세종 대왕은 장영실에게 간의대와 혼천의를 만들 것을 분부하셨습니다.

임금의 뜻을 받들어 일을 시작한 장영실은 세종 15년에 혼천의를 만드는 데 성공하였습니다. 혼천의란 별들의 움직임을 관찰하여 시간을 알 수 있도록 만든 기계입니다.

"이 혼천의에는 하늘의 신비로운 조화가 서려 있구나."

혼천의의 성공을 본 세종 임금은 너무도 기뻐했습니다.

장영실의 업적은 이후로 더욱 빛나기 시작했습니다. 이번엔 물시계에 대한 연구를 시작했습니다.

본래 물시계는 물동이 같은 그릇에 구멍을 뚫어 놓고 거기서 떨어지는 물의 양을 헤아려 시간을 알아내는 것인데, 중국에서는 이미 700년 전에 만들어졌습니다. 그러나 그것은 사람이 물동이 옆을 종일 지키고 섰다가 시간이 되면 종이나 북을 쳐서 시간을 알려야 했습니다.

그 후로 중국이나 아라비아에서 연구를 거듭하여, 자동으로 종이 울리는 물시계를 만들었지만 여전히 불편한 점은 남아 있었습니다.

장영실은 날마다 물시계에 관한 옛 기록들을 살폈습니다. 날마다 물시계의 모형을 그림으로 그려 보았고 새로운 물시계를 창조하고자 연구를 거듭하였습니다.

그리하여 장영실은 마침내 옛 물시계의 단점을 보완한 새로운 물시계를 만들어 내는 데 성공하였습니다.

이것이 바로 우리 나라에서 만들어진 물시계 가운데 가장 정확한 자격루였습니다.

물시계를 궁궐에 설치하던 날 세종은 장영실을 위해 큰 잔치를 베풀었습니다.

"이것은 온 나라의 경사요. 장영실 그대는 나를

도우라 신이 내린 사람인 듯하오."

세종은 친히 장영실에게 술잔을 내리셨습니다. 장영실은 너무나 황공한 나머지 주르르 눈물을 흘렸습니다.

장영실의 업적은 이후에도 계속되었습니다.

세계에서 가장 먼저 강우량을 측정하는 측우기를 발명한 이가 바로 장영실이었습니다. 이 측우기는 서양의 그것보다 무려 2백 년이나 앞서 만들어졌습니다.

비의 양을 기록하는 것은 농사일에는 퍽이나 중요한 일이었습니다. 오랜 세월을 두고 비의 양을 관측해서 평균 강수량을 알고 나면, 가뭄이나 홍수를 이겨 내는 데 도움이 되게 마련입니다.

나이가 들어서도 장영실의 뛰어난 솜씨는 조금도 줄어들지 않았습니다.

어느 해 장영실은 세종 임금이 탈 가마를 만들어야 했습니다.

장영실은 못질 하나하나에도 혼신의 힘을 다하였습니다. 잠자는 일도 잊고 오로지 그 일에만 매달렸습니다. 그래도 피곤한 줄을 몰랐습니다.

 천한 신분에서 벗어날 수 있도록 해준 세종 임금에 대한 보답을 그렇게라도 할 수 있다는 것이 즐거울 뿐이었습니다.

 그러나 이게 어찌된 일일까요? 세종 임금이 그 가마를 타고 종묘로 가는 도중 그만 가마가 부서지고 말았습니다.

 이것은 임금에 대한 무거운 죄였습니다. 이 일로 장영실은 옥에 갇히는 몸이 되었습니다.

 세종은 몹시 안타까워 당장에라도 장영실을 풀어 주고 싶었지만 나라에는 법이 있었습니다.

 나중에 장영실은 감옥에서 풀려나오지만 이후의 일은 전혀 기록되어 있지 않습니다.

 장영실의 타고난 재주와 물건 하나라도 유심히 관찰하던 버릇이 먼 훗날 훌륭한 과학자로 거듭나게 해준 계기가 되었답니다.

세계적인 곤충 학자 파브르

"할아버지, 할아버지!"

어린 앙리는 숨을 헐떡거리며 뛰어와 할아버지를 불렀습니다.

"할아버지는 해님을 눈으로 보세요, 아니면 입으로 보세요?"

할아버지는 어리둥절해서 손주를 쳐다보았습니다. 하지만 앙리는 마치 대단한 것이라도 찾아낸 것처럼 눈을 빛내며 같은 질문을 던졌습니다.

저녁을 먹으면서도 앙리는 일꾼들에게 똑같은 질문을 하였습니다.

"아저씨들은 해님을 어디로 보세요? 입이에요, 눈이에요. 예?"

일꾼들은 웃음을 못 참겠다는 듯이 배를 잡고 폭소를 터뜨렸습니다. 앙리는 자신을 보며 웃는 사람들을 이상하다는 듯이 쳐다보았습니다.

"저는 해님의 눈부신 빛을 눈으로 보는 건지 입으로 보는 건지 실험해 보았어요. 그래서 눈을 떠야 해님을 볼 수 있다는 걸 알았어요. 입을 벌려 쳐다보아도 해님은 보이지 않아요. 사람은 눈으로 해님을 보지요?"

앙리는 심각하게 물었지만 사람들은 웃기만 했습니다.

앙리는 화가 나서 다음부터는 새로운 발견을 하더라도 어른들에게 절대 알리지 않기로 다짐하였습니다.

어른들은 양이나 소 같은 가축에 대해서는 잘 알고 있었지만 그 이외의 것은 잘 알지도 못하면서 알려고도 노력하지 않는다는 사실을 앙리는 깨달았기 때문이지요.

세계적인 곤충 학자로 알려진 파브르는 가난한 집에서 태어났습니다. 그래서 어려서부터 할아버지 댁에서 살아야 했습니다.

천성적으로 곤충을 좋아한 그는 할아버지 집에서 지내는 동안 하루도 거르지 않고 들과 숲의 곤충들과 사귀는 기회를 가졌습니다.

앙리에게는 보물이 하나 있었습니다. 곤충이 가득 들어 있는 조그마한 나무 상자였습니다.

앙리는 그 보물을 잠잘 때도 항상 머리맡에 두고 잤습니다.

할아버지 집은 보잘 것 없는 통나무 집이지만 주위에는 산과 들이 넓게 펼쳐져 있었습니다. 그래서 앙리는 쉽게 주변에서 여러 종류의 곤충들을 찾아볼 수 있었습니다.

들판에 나가면 신기한 벌레들이 많았습니다.

"앗! 무당벌레다!"

앙리는 무당벌레를 한 마리 잡아 날개를 들추어 보았습니다.

"아아! 무당벌레 날개는 마치 양파 껍질같이 생

졌구나!"

 소년 파브르는 곤충들과 노는 것이 재미있어서 그것들을 손바닥 위에 올려 놓고 유심히 들여다보았습니다.

 그 소년 앙리가 우리 어린이들의 친구인 파브르

입니다.

파브르는 나중에 〈곤충기〉를 쓰면서 다음과 같이 어린 시절을 회상했습니다.

'어떤 때는 쓰러진 나무 밑에서 부스럭부스럭 벌레가 기어 나오는 걸 봤지. 나는 서둘러서 그 벌레를 잡아 보고 정말 놀라고 말았어. 햇빛을 받아서 반짝거리는 껍질은 아름다운 초록색 철물로 만든 갑옷 같았고, 윤 나는 날개의 아름다움은 여섯 살 된 어린 나로서는 도저히 표현할 수 없었어.'

이렇듯 앙리 파브르는 무엇이나 자세히 살펴보는 습관을 가지고 있었습니다.

어린 시절 산골 할아버지 댁에서 보낸 추억은 훗날 그가 위대한 곤충 학자가 되는 바탕을 마련해 주었던 것입니다.

앙리가 할아버지 댁에 온 지 여러 달이 지난 어느 날 저녁의 일이었습니다.

저녁밥을 먹고 밖에 나가는데 난생 처음 듣는 벌레 소리가 들려왔습니다.

"산새의 귀여운 새끼가 울고 있는 게 틀림없어!"

파브르는 살금살금 소리가 들려오는 풀 숲으로 가까이 다가갔습니다. 하지만 발 소리를 들은 모양인지 그 아름다운 소리는 뚝 그치고 말았습니다.

이튿날도 그 이튿날도 파브르는 그 풀 숲으로 갔습니다. 그리고 여러 날이 지난 다음에야 그 소리의 주인공을 보게 되었습니다.

매일 저녁을 한결같이 그 풀 숲에서 쭈그려 앉아 있었던 덕분에 그 벌레를 볼 수 있었던 것입니다.

"어! 이 녀석은 메뚜기같이 생겼잖아!"

파브르는 쭈그리고 앉아 그 곤충을 오랫동안 들여다 보았습니다.

'그런데 소리는 어떻게 해서 내는 것일까?'

입에서 소리가 나는 것 같지는 않았습니다. 유심히 살펴보니 다리를 옆구리에 비벼 소리를 내는 것이었습니다.

'매미도 이렇게 소리를 만드는 걸까?'

파브르는 궁금증이 풀릴 때까지 관찰을 포기하지 않았습니다.

파브르는 아흔두 살이란 오랜 세월을 사는 동안

한번도 그 때 일을 잊은 적이 없다고 합니다. 그 벌레가 베짱이라는 것은 훨씬 커서야 알았다고 했습니다.

고생은 많았지만, 끝내 베짱이가 어떻게 우는지를 알아낸 소년 파브르의 기쁨은 너무나 컸습니다.

앙리도 공부를 해야 할 나이가 되었습니다. 불행히 할아버지와 할머니는 글을 읽지도 쓰지도 못했기 때문에 파브르에게 글을 가르쳐 줄 수가 없었습니다.

"우리 앙리만은 글을 모르는 시골 농사꾼으로 만들 수 없어! 집은 가난해도 앙리를 학교에 보내야지."

아버지는 입버릇처럼 이렇게 말했습니다. 그래서 앙리가 일곱 살이 되던 해에 앙리를 학교에 보냈습니다.

헛간 한쪽을 교실로 쓰고 있던 학교에는 선생님이라고는 피에르 씨 한 분밖에 없었습니다. 게다가 피에르 선생은 이 마을에 하나밖에 없는 선생님이자 이발사요, 또한 교회의 종치는 일까지 맡고 있었습니다. 그러니 그런 분위기에서 교육이 제대로 이루어질 리가 없었습니다.

어느 날 앙리의 아버지는 장에 갔다가 커다란 괘도를 사 가지고 돌아왔습니다. 앙리는 그것을 보고 눈이 휘둥그레졌습니다. 그 괘도에는 여러 가지 동물이 그려져 있고 그 이름이 적혀 있었습니다. 앙리는 아버지가 사다 준 괘도를 읽어 나갔습니다. 앙리가 이렇게 차츰 글 읽는 방법을 터득하자, 아버지는 〈라 퐁텐느 우화집〉을 사다 주었습니다. 앙리는 밤에도 그것을 안고 잘 정도로 좋아했습니다.

앙리 네는 가난에 시달리다 못해, 결국 생레옹 마을을 떠나 로데스라는 큰 읍으로 이사를 갔습니다. 그 곳에 가서 아버지는 음식점을 차렸습니다.

하지만 장사가 신통치 않아 가난하기는 마찬가지였습니다. 그러면서도 앙리의 아버지는 자식의 교육에 관심이 많아 앙리를 마을에 있는 학교에 보냈습니다.

그 학교에서는 합창단에 가입하려는 희망자가 없었기 때문에 합창단에 들어오는 학생에게는 수업료를 안 받겠다고 하였습니다.

　가난한 아버지는 앙리를 합창단에 들어가게 하였습니다. 그렇게 해서라도 아버지는 앙리를 학교에 보내 공부를 시키고 싶었던 것입니다.

　수줍음을 많이 타는 앙리에게는 노래를 부른다는 게 여간 고역이 아닐 수 없었습니다. 지독히 노래를 못 부르던 앙리는 여럿이 합창을 할 때 그저 입만 벙긋벙긋할 따름이었습니다.

　그러나 학교에서 앙리는 남들보다 훨씬 공부를 잘하는 우등생으로 소문이 나 있었습니다.

　하지만 앙리는 곤충을 마음대로 관찰할 수 있는 목장에 나가 노는 것이 더 좋았습니다.

　"목장의 나무들은 잎이 푸르러 무성해졌을 거야. 그 주위에는 수많은 날벌레들이 날고 땅에는 쇠똥구리와 메뚜기들이 기어다니고 있을 거야."

　학교가 쉬는 날이면 앙리는 이런 궁금증을 풀기 위해 어김없이 목장으로 달려갔습니다.

　어느덧 앙리 네가 로데스로 이사온 지도 5년이 지났습니다. 장사가 신통치 않아 앙리 네는 여전히 가난에서 벗어나지 못했습니다.

 결국 앙리 네는 다시 보따리를 짊어지고 이웃 마을 툴루스로 이사를 갔습니다. 그러나 여기서도 장사를 실패한 아버지는 식구들을 이끌고 다시 몽페리에로 이사를 갔습니다.

 하지만 몽페리에라는 작은 도시에서도 가난은 면할 수가 없었습니다. 결국 앙리의 가족은 뿔뿔이 흩어질 운명에 처했습니다.

 앙리에게 고독하고 고달픈 나날이 시작된 것이지요.

 앙리는 길거리에서 레몬을 팔았습니다. 그런가 하면 철로 공사장에서 무거운 곡괭이질도 하였습니다.

 하지만 앙리는 밥을 굶고 추위에 떨면서도 책을 사서 읽는 등 공부에 대한 미련은 버리지 않았습니다.

 "용기를 내라! 희망을 가져라!"

 앙리는 스스로 용기와 희망을 가져야겠다고 외쳤습니다.

이러한 생활을 2년 동안 계속하였습니다.

앙리 파브르는 〈곤충기〉를 쓰면서 그 때 시절을 이렇게 회상했습니다.

"나는 설사 난파선의 뗏목 위에서 며칠을 굶어 쓰러져 가도 아마 곤충들을 잊지 못할 것이다."

하루 벌어 하루 끼니를 때우던 그 시절, 그는 기회만 생기면 곤충이나 식물들을 살펴 보았습니다.

열여섯 살이 된 앙리는 무료로 먹고 잘 수 있고 게다가 공부도 할 수 있는 사범 학교 장학생 모집에 응시하였습니다. 그는 자신의 공부에 대한 열정을 실현시키고 싶었습니다.

'어쩐다지. 남들처럼 열심히 공부한 것도 아니고……. 꼴찌로라도 합격한다면 좋겠는데…….'

그러나 합격자 명단을 본 앙리 파브르는 깜짝 놀랐습니다. 급비생 합격자 명단 중에 제일 먼저 앙리의 이름이 적혀 있었습니다. 앙리는 이 시험에서 수석으로 합격한 것이었습니다.

앙리는 열심히 공부해 학교를 졸업하고, 어엿한 공립 학교 선생님이 되었습니다.

앙리 파브르는 배우지 않은 화학 실험도 책을 보고 스스로 익혀서 학생들을 가르쳤습니다. 그리고 땅을 재는 측량법도 가르치는 등 몸과 마음을 다해 일했습니다.

1844년 10월 3일, 파브르가 스물한 살이 되던 해에 그는 마리 선생과 결혼을 하였습니다. 그리고 이듬해에 나폴레옹의 고향인 코르시카 섬의 중학교 물리학 선생으로 갔습니다. 코르시카 섬은 모든 생물들의 집합 장소였습니다. 말하자면 이 곳에서 훗날 곤충을 연구하게 될 터전을 마련한 것입니다.

1855년 그의 나이 서른두 살 때, 그가 처음으로 곤충에 관한 논문을 발표했습니다. 최고 학술 단체인 프랑스 학사원에서는 이 논문의 우수성을 인정하여 파브르에게 상을 주었습니다. 하지만 가난은 항상 그를 따라다녔습니다.

'어떻게 하면 이 가난을 벗어날 수 있을까?'

가난에서 벗어나야겠다는 생각을 할 때면 그는 머리가 복잡해졌습니다.

꼭두서니라는 나무에서 물감을 빼내면 돈을 벌

수 있겠다는 생각이 들었습니다. 하지만 불행하게 파브르는 꼭두서니 생산에 대한 연구를 중단하지 않을 수 없었습니다. 독일 사람이 한발 앞서 꼭두

서니 나무에서 빨간 물감을 얻어내는 데 성공했기 때문이었습니다.

이즈음부터 파브르는 유명한 〈곤충기〉를 쓰기 시작했습니다. 그의 나이 쉰네 살로 노인이란 말을 들을 무렵이었습니다. 곤충기를 쓰는 동안 그의 아들과 부인을 잃었습니다. 하지만 그런 슬픔도 〈곤충기〉를 쓰면서 달래야만 했습니다.

그가 그토록 심혈을 기울인 〈곤충기〉가 10권으로 완성된 것은 1907년으로 여든네 살이 되던 해였습니다. 세계적인 이 명작은 무려 30년에 걸쳐 완성된 것입니다.

프랑스 학사원에서는 파브르에게 주네르 상을 주었습니다. 그러나 일반 국민들은 이 책에 흥미가 없었기 때문에 그는 여전히 궁핍한 생활을 해야만 했습니다.

그러나 파브르의 집념이 끝까지 어둠에 가린 채 버려지진 않았습니다. 수많은 사람들은 1910년 4월 3일을 '파브르의 날'로 기념하여 그의 업적을 칭송하며 그를 위로해 주었습니다.

파브르가 아흔두 살이 되던 해 가을, 그는 요도증이란 병에 걸려 의식이 점점 희미해졌습니다. 그는 평생 자신이 연구해 온 곤충들을 기억하며 고요히 숨을 거뒀습니다.

위대한 서예가 한석봉

어느 가을 이른 새벽, 조그마한 초가집 앞마당을 나서는 두 그림자가 있었습니다. 한 사람은 키가 훤칠한 어른이었고, 다른 한 사람은 작달막한 어린 소년이었습니다.

그들은 날마다 이른 새벽이면 동네 우물로 나가 찬물을 길어 머리를 감았습니다.

"어떠냐? 정신이 맑아지지 않느냐? 무릇 정신이란 몸을 이겨야만 사는 법이란다."

"에취! 잘 모르겠습니다만, 몸이 차가우니까 정신마저 차가워지는 것 같습니다."

"원, 녀석도. 이제 집에 가서 아침을 먹자구나."
이들은 어린 한석봉과 그의 아버지였습니다.
어려서 석봉의 이름은 경홍이었습니다.
경홍은 1543년 조선 중종 때, 개성 변두리에서 가난한 선비의 외아들로 태어났습니다.
여섯 살 먹은 경홍이 천자문을 떼자, 부모님은 열심히 글을 가르치기 시작하였습니다. 경홍을 훌륭한 사람으로 만들고 싶었기 때문이었지요.
어느 날 아버지는 붓글씨 쓰는 경홍의 모습을 지켜보았습니다.
"허허……."
"왜 그러십니까, 아버님?"
"아니다."
그러면서 아버지는 경홍의 머리를 한번 쓰다듬어 주셨습니다.
'내 학식이 높진 않지만 경홍이의 글씨가 예사롭지 않아 보이는구나.'
아버지는 속으로 이렇게 중얼거렸습니다.
다음 날부터 아버지는 지극 정성으로 경홍에게

글과 글씨를 가르쳤습니다.

경홍을 교육시키는 아버지의 태도는 몹시 엄격했습니다. 하지만 경홍은 불평 한 마디 없었습니다.

그런데 경홍의 집에 뜻하지 않은 불행이 찾아왔습니다. 아버지가 갑작스럽게 몸져 눕게 된 것입니다.

남편의 병간호가 우선이라고 생각한 어머니는 더 이상 떡 장사를 할 수 없게 되었습니다. 경홍도 공부를 미루고 약을 지어오는 등 병수발을 도왔습니다. 그러나 결국 아버지는 세상을 떠나고 말았습니다.

'돌아가신 아버지의 넋을 기쁘게 해 드렸으면……. 그리고 슬픔에 잠긴 어머니를 위로해 드리고 싶구나. 그렇다면 내가 할 일은 공부를 열심히 하는 길이겠구나.'

슬픔에도 굴하지 않는 경홍의 모습은 어머니에게 큰 위안이 되어 주었습니다. 기운을 차리신 어머니도 장터에 나가 예전처럼 떡 장사를 다시 시작했습니다.

이 때부터 석봉은 어머니께 교육을 받았습니다.

장이 끝나고 어둑어둑한 길을 걸어 집으로 돌아오는 어머니의 손에는 하얀 종이가 들려 있었습니다. 경홍이 글을 연습할 종이였습니다.

가난한 집에서는 종이를 구하기가 어려웠습니다. 때문에 경홍은 한 번 쓴 종이를 버리는 법이 없었습니다. 종이 전체가 새까맣게 될 때까지 쓰고 나서야 버렸습니다.

어느 날 동네 어른 한 분이 경홍의 집을 찾아왔습니다.

경홍은 마루에 반듯하게 앉아 붓을 놀리고 있었습니다. 그 어른은 호기심에 끌려 조용히 경홍을 지켜 보았습니다. 그러더니 경홍의 솜씨에 감탄하여 혀를 내두르는 것이었습니다.

"호오, 제법이구나. 아무래도 좋은 스승을 얻는다면 하루가 다르게 발전할 것 같구나."

그 어른은 곧장 경홍의 어머니를 만났습니다.

"영계 스님한테 저 애를 보낸다면 분명히 큰 인물로 자랄 수 있을 것입니다."

"그렇게만 해 주신다면 제가 뭘 더 바라겠습니까?"

어머니는 몹시 기뻐하셨습니다. 없는 살림에 제대로 뒷바라지도 못해 주어 늘 마음이 아팠는데, 이제라도 좋은 스승을 만나게 된다는 것만으로도 너무 기뻤던 것이지요.

"집을 나서거든 명필이 되기 전에는 절대 돌아올 생각을 말아야 한다. 명필이 되는 것만이 이 어미

의 유일한 소원이고 돌아가신 아버지의 원을 풀어 드리는 길이라는 걸 명심해라!"

어머니는 어린 경홍의 손을 잡고 타이르고 또 타일렀습니다.

경홍은 그 이튿날 스승을 찾아 집을 떠났습니다.

그윽한 산중에 있는 그 절에는 아이들이 제법 많았습니다. 모두 공부를 위해 절에 들어온 아이들이었습니다. 경홍이 또래거나 손위 아이들이 대부분이었습니다.

아이들은 퍽 개구쟁이였습니다. 그러나 경홍은 장난을 좋아하지 않았습니다. 학비를 대느라 고생하시는 어머니를 생각하면 어서 빨리 명필이 되어야 했습니다.

어느 날, 이런 일이 있었습니다.

글씨 연습을 하다 경홍은 그만 꾸벅 졸고 말았습니다. 옆에 앉아 있던 친구가 경홍의 옆구리를 쿡쿡 찔렀습니다.

화들짝 놀란 경홍은 눈을 떴습니다. 간밤에 잠을 자지 않고 늦게까지 공부하느라 너무 무리를 했던 것입니다.

 경홍은 정신을 차리기 위해 우물가로 달려갔습니다. 그리고는 얼음처럼 차가운 물을 머리에 끼얹었습니다.

 그런데 다시 들어와 보니 방안 어디에도 자신의 벼루와 붓이 보이지 않았습니다. 아이들이 장난으로 숨긴 것이 분명했습니다.

 그렇지만 경홍은 가만히 앉아 있지 않았습니다. 마루에 나가 물 그릇을 떠 놓고 그 속에 손가락을 담갔습니다. 그리고 물 묻은 손가락으로 마루 바닥에 글씨를 쓰기 시작했습니다.

 장난치던 아이들도 그것을 보고 갑자기 숙연해지는 것이었습니다. 경홍은 자기를 약올린 아이들에게 행동으로 점잖게 타이른 셈이었습니다.

 경홍이 절에 들어와 공부한 지가 여러 달이 지났습니다.

 "천하의 명필이 되기 전에는 아예 집에 돌아올 생각일랑 말아라!"

 집을 떠나올 때 하시던 어머니의 말소리가 여전

히 귓전에 울렸습니다. 그러나 고향에서 홀로 쓸쓸히 지내시며 고생하시는 어머니를 생각하면 제대로 잠을 잘 수가 없었습니다. 더욱 열심히 공부하여 하루 속히 어머니 곁으로 가고 싶은 심정뿐이었습니다.

그 후 몇 달이 지나자, 영계 선생뿐 아니라 간혹 절에 드나들던 선비들까지도 경홍이 쓴 글씨에 경탄을 금치 못했습니다.

"영계 선생의 글씨 솜씨보다 뛰어난 것 같구료."

모두들 경홍의 글씨를 침이 마르도록 칭찬했습니다.

이 칭찬에 경홍의 마음속에는 한줄기 자만심이 피어났습니다.

경홍이 보기에도 자신의 글씨가 스승의 글씨보다 못하단 생각이 들지 않았던 것입니다.

어느 날, 절을 떠날 궁리만 하고 있던 경홍은 마침 아버지의 제삿날이 오늘이라는 것을 알게 되었습니다.

'글씨도 잘 쓰게 되었으니, 이제부터 집에 돌아

가서 혼자 공부해도 될 거야. 아버님 제사도 지내야 하니, 이 기회에 아예 집으로 돌아가야겠다.'

경홍은 절을 나와 집을 향해 뛰기 시작했습니다.

종일토록 쉬지 않고 걸었습니다. 밤이 깊어서야 경홍은 집에 도착할 수가 있었습니다.

경홍은 두근거리는 마음으로 사립문을 열었습니다. 아버지 제삿날이어서인지 부엌과 안방에는 불이 켜져 있었습니다.

"어머니, 어머니, 제가 왔습니다!"

경홍이 부르는 소리에 부엌 문이 열렸습니다.

"아니, 경홍이 네가 이 밤중에 어인 일이냐?"

"어머니, 어머니!"

경홍은 어머니 품에 안겨 엉엉 울었습니다. 친구들 사이에서는 의젓한 척했지만 어머니 앞에서는 아직 어린 아이였습니다.

"들어가자."

어머니는 차갑게 경홍을 밀어내고 먼저 방으로 들어갔습니다.

어머니의 안색은 싸늘하기 그지없었습니다. 집에

돌아온 아들을 반가워하는 표정은 어디에도 없었습니다.

"어째서 공부하러 간 사람이 공부를 하다 말고 돌아왔느냐?"

"저어…… 아버지 제사를 지내려고 왔어요."

경홍이는 고개를 떨구고 말을 더듬거렸습니다.

"아버지 제사를 지내? 누가 너더러 아버지 제사를 지내러 오라고 하더냐?"

"하지만 어머니, 전 그 절에서 더 이상 공부할 게 없습니다. 다른 사람들도 제 글씨가 영계 선생 글씨보다 나으면 나았지 못하진 않다고 했습니다. 그러니……."

어머니는 한참동안 경홍이를 말없이 지켜보다가, 무슨 생각에서인지 벌떡 일어나 밖으로 나갔습니다.

잠시 후, 경홍이 앞에는 아버지가 쓰던 벼루와 붓과 종이가 놓여졌습니다. 뿐만 아니라, 어머니는 가래떡 함지와 도마를 부엌에서 가져와 방바닥에 내려 놓았습니다.

"네가 글씨에 자신이 생겼다고 하지만, 나는 훌륭한 글씨란 쉽사리 익힐 수 없다고 알고 있다. 영계 선생에게 글을 배운 지 일 년도 채 못 됐는데, 벌써 자신이 있다고 말하는 것을 보니 너의 수양이 의심스럽구나. 먹을 갈거라! 네가 먹을 다 갈면 불을 끄겠다. 어둠 속에서 네 마음대로 한번 글을 써 보아라. 난 가래떡을 썰으마. 그리고 네가 쓴 글씨와 내가 썬 가래떡을 비교해 보자."

경홍은 어머니 말씀대로 열심히 먹을 갈았습니다. 먹이 다 갈리자 어머니는 말없이 불을 껐습니다. 이어 어둠 속에서 똑딱똑딱 떡 써는 소리가 들려 왔습니다.

잠시 망설이던 경홍도 천천히 숨을 들이마신 후, 붓을 쥐고 글씨를 써 내려갔습니다.

어두운 데서 글을 써 본 적이 없는 터라 손이 자유로울 수가 없었습니다. 그러나 막상 붓을 움직이고 나니 슬슬 막힘없이 써졌습니다.

"글을 다 썼느냐? 그러면 이제 불을 켜겠다."

어둠 속에서 어머니 음성이 들려왔습니다. 경홍

이의 가슴은 심하게 두근거렸습니다. 드디어 어머니가 불을 켰습니다.

도마 위에 썰어 놓은 떡은 자로 잰 듯 반듯했습니다. 그런데, 이게 어찌 된 일일까요? 경홍의 글씨

는 너무도 형편 없었습니다.

경홍의 얼굴은 빨갛게 달아올랐습니다. 어머니는 말없이 종이를 바라보셨습니다.

"너는 아직 어리니, 노력에 따라 얼마든지 훌륭한 명필이 될 수 있을 것이다. 이제부터 남들이 너의 글씨를 칭찬하거든, 한쪽 귀로 흘리도록 하여라!"

"어머니, 기대에 어긋난 자식을 용서해 주십시오. 이제 공부에만 전념하여 뜻을 이루기 전에는 절대로 돌아오지 않겠습니다."

그 날 밤, 경홍은 이를 악물고 절로 돌아갔습니다. 이 후 산 속에서 어머니와의 약속을 지키기 위해 10년 동안 피나는 노력을 기울였습니다.

경홍은 자신의 이름을 돌 봉우리라는 뜻의 석봉으로 바꾸었습니다.

몇 해 후, 스물다섯 살이 된 석봉은 과거에서 장원 급제를 하였습니다. 뼈 저린 교훈과 피나는 노력이 맺은 결실이었습니다.

관직에 나선 석봉은 무엇보다 백성들이 글을 깨

우쳐야 한다고 생각하였습니다. 그래서 서당을 많이 짓게 했습니다.

그 후에도 석봉은 꾸준히 글 솜씨를 갈고 닦았습니다. 마침내 그의 글씨가 당대의 으뜸이라는 소문이 전국에 퍼졌습니다.

그 명성은 비단 우리 나라뿐만 아니었습니다. 우리 나라를 찾아온 명나라 사신들은 앞다퉈 그의 글씨를 구하려고 하였습니다.

석봉의 글씨는 '면중유골체'라 하여 부드러운 솜 속에 뼈가 들어 있는 듯하답니다.

한석봉은 이조 시대의 4대 명필 중 한 분으로 손꼽히고 있습니다. 4대 명필이란 한석봉, 김구, 양사언, 안평 대군을 가리킵니다.

한석봉이 명필가로 성공한 것은 그 어머니의 정성과 석봉 자신의 어머니에 대한 효심 덕분입니다.

뛰어난 명필로서 빛나는 글씨를 많이 남겼던 한석봉은 1605년 예순셋을 일기로 세상을 떠났습니다.

현재 남아 있는 그의 글씨로는 〈석봉 천자문〉, 기

자묘의 〈신비문〉, 개성의 〈서화담 비문〉, 개성의 〈남대문 액서〉 등이 있습니다.

명재상 황희

고려 공양왕 2년인 1390년 어느 여름 날이었습니다.

햇볕이 몹시 따가운 듯 선비는 얼굴이 벌겋게 익어 갔습니다.

잠시 쉬어갈까 하고 선비는 조랑말에서 내려 풀밭에 주저앉아 땀을 훔치기 시작했습니다.

"이랴, 쯧쯧……."

마주 보이는 밭에는 늙은 농부가 땀을 뻘뻘 흘리며 두 마리의 소를 몰고 있었습니다.

선비는 노인에게 점잖게 말을 건넸습니다.

"노인장께서 밭을 가시느라 퍽 더우시겠습니다. 자! 여기 앉아 잠시 쉬시지요."

"고맙소."

노인은 선비 곁에 앉더니 허리춤에서 담뱃대를 뽑아들었습니다.

"소들이 퍽이나 튼튼하게 생겼군요. 일을 잘하겠군요."

"잘하고 말고요."

황희는 아무리 힘든 일이라도 말없이 잘 해낼 것 같은 두 마리의 소가 썩 마음에 들었습니다.

"두 마리 모두 노인 댁 소입니까?"

"웬걸요. 저 검은 놈은 우리 것이요만 저 누런 놈은 이웃집에서 빌어 온 것입니다."

풀을 뜯어 먹고 있는 두 마리 소를 가리키며 노인이 말했습니다.

"그런데 저 두 마리 중에 어느 놈이 일을 더 잘 합니까?"

노인은 한동안 말이 없다가 비로소 입을 열었습니다.
"여보, 젊은 양반. 귀 좀 빌려 주시오."
나즈막한 목소리였습니다. 무슨 일인지 노인은 선비의 귀에 입을 갖다 대고 소곤거리는 것

이었습니다.

"저 누런 소가 힘이 더 세다오. 그 놈은 잘 먹고 살이 쪄 일도 썩 잘한다오."

선비는 눈이 둥그레졌습니다. 귀에다 대고 소곤거릴 만큼 비밀스런 이야기가 아니었기 때문입니다.

"아무리 사람의 말을 못 알아듣는 짐승이라 하지만, 어느 놈은 잘하고 어느 놈은 못한다는 말을 들으면 싫어하는 법이오."

선비는 그제서야 노인의 참뜻을 깨달았습니다.

선비는 몇 번이고 고개를 끄덕거리며 마음을 다져 먹었습니다.

'짐승이든 사람이든 남의 잘잘못을 들먹이거나 남을 두고 이러쿵저러쿵 함부로 지껄여서는 안 되는 법이지. 잘 명심해 두어야겠다.'

이 젊은 선비가 바로 훗날 우리 나라 제일의 정승이 되신 황희였습니다.

벼슬길에 오른 황희는 그의 어질고 착한 인품과 대쪽같이 곧은 성격으로 차츰 조정이나 백성들 사이에 널리 알려지게 되었습니다. 날이 갈수록 임금의 신임도 두터워졌지요.

어느덧 황희는 최고의 벼슬인 영의정으로 임명되었습니다.

그 때가 세종 13년인 1431년, 황희의 나이가 예순아홉에 이른 해였습니다.

어느 날 황희는 모처럼 틈을 내어 책을 읽고 있었습니다.

그런데 웬일인지 바깥이 떠들썩하였습니다. 두 계집종이 서로 잘했느니 잘못했느니 바락바락 고함치며 다투는 중이었습니다.

황희는 다가가 무슨 일이냐고 물었습니다. 그러자 두 사람 모두 자기가 잘못한 일이 없다고 하소연을 했습니다.

황희는 부드러운 웃음을 짓더니 입을 열었습니다.

"네 말도 옳고, 네 말도 옳다."

"예?"

그 자리에 있던 사람들 모두 어리둥절해서 황희를 쳐다보았습니다.

"사람은 누구나 자기의 잘못을 깨닫지 못하고 남의 잘못만 골라내기 때문에 싸움이 벌어지는 것이다. 사람은 언제나 제가 한 일부터 되새겨 보아야 한다. 자기의 잘못을 먼저 깨닫고 보면 옳거니 그르거니 싸움이 생기지 않는 법이다."

아무도 황희의 말 속에 숨은 뜻을 금방 깨닫지 못하였습니다.

그러나 시간이 지나자 모두들 '그렇구나!' 하고 저마다 고개를 끄덕이기 시작하였습니다.

어느 날 황희가 가마를 타고 대궐로 들어서는 참이었습니다.

웬 거지 하나가 가마 앞을 가로막았습니다.

"이 놈의 거지! 뉘 앞이라고 감히……."

가마꾼들은 거지를 꾸짖었습니다. 하지만 거

지는 막무가내였습니다.

"어딜 가는가? 참 오랜만일세."

거지는 목청껏 소리치며 다시 황희 정승을 아는 체하였습니다.

그러자 황희 정승의 얼굴에도 단번에 웃음꽃이 피었습니다.

"과연 오랜 만일세. 마침 나라에 일이 있어 급히 대궐로 들어가는 참이니, 잠시 우리 집에 가서 기다리게. 내 곧 들어갈 테니."

황희가 일을 마치고 집으로 돌아가보니 늙은 거지는 보는 사람이 민망할 정도로 사지를 쭉 뻗은 채 자고 있었습니다.

"원, 사람도. 무슨 잠을 그리 자고 있나? 이제 일어나게. 자, 우리 만난 지가 하도 오래니 그동안 막혀 있던 이야기나 좀 하세."

그러자 늙은 거지는 언제 잠들었냐는 듯이 힘차게 대답하며 벌떡 일어나 앉았습니다.

황희가 이렇게 대하는 이 늙은 거지는 과연 누구일까요?

그는 바로 고려가 망할 때 황희와 더불어 두문동에 들어가 세상을 등졌던 고려 말의 충신이었습니다.

그러니까 황희와는 오랜 만에 만나는 옛날의 벗이었습니다.

그 친구는 황희가 붙드는 바람에 황희의 집에서 닷새 동안이나 묵었습니다.

그가 돌아가는 날 황희는 하인을 시켜 쌀이며 음식을 잔뜩 실어 보냈습니다.

일행이 관악산 중턱에 이르렀을 때였습니다.

"얘야."

친구는 걸음을 멈추며 하인을 불렀습니다.

"너, 저 아래 있는 기와집에 좀 갔다 오너라. 내 이야기를 하면 주인이 좋은 음식상을 차려 줄 것이다. 나는 이 곳에서 잠시 쉬고 있으마."

그러나 그것은 거짓말이었습니다.

허탕을 친 하인이 제자리로 돌아와 보니 그 친구는 온 데 간 데 없고 황희가 보낸 쌀과 음식이 그대로 놓여 있을 뿐이었습니다. 그 소식을 들은 황희는 친구의 뜻이 무엇인지 헤아릴 수 있었습니다. 나보다 더 어려운 사람은 없는가 살피면서 어진 정치를 펼치라는 뜻이었습니다.

황희 정승의 눈부시게 빛나는 업적은 낱낱이 헤아려 보기가 어려울 정도입니다.

위로 어진 임금을 모시고 아래로 똑똑한 신하들을 거느려 황희가 영상으로 머물던 20여 년 동안은 한마디로 태평성대를 누렸다고 할 수 있습니다.

벼슬길에서 물러난 황희는 한가로이 낚시질을 하면서 소일하였습니다.

임진강에 나가 낚시를 드리우고 앉은 모습이나, 뒷짐을 짚고 서서 멀리 떠가는 구름을 물끄러미 바라보는 황 정승의 모습은 마치 신선 같았습니다.

황희 정승은 아흔 살이 되던 해 2월, 자는 듯 조용히 숨을 거두었습니다.

황희 정승은 생애를 마칠 때까지 그 몸과 마음을 오로지 나라 돌보는 데에만 바친 위대한 인물입니다.

온달 장군과 평강 공주

고구려 제 25대 평원왕에게는 아름답고 귀여운 공주가 있었습니다. 그런데 그 공주는 여러 사람을 피곤하게 하는 버릇이 있었습니다. 까닭도 없이 아침부터 저녁까지 울기만 하는 것이었어요.

어디가 아파서 우는 것도 아니고, 부모님에게 꾸중을 들어서 우는 것도 아니었습니다.

"에그머니, 공주님이 또 울기 시작하시네?"

"공주님이 울기 시작하면 아무도 달랠 수가 없다니까!"

"달래면 달랠수록 더욱 목놓아 우시는 걸 어떻게

달래."

 시녀들은 공주가 울면 어쩔 줄 몰라 했지만 도리가 없었습니다. 공주 스스로 울음을 그치고 싶을 때까지 기다리는 수밖에는 방법이 없었으니까요.

 처음에 왕과 왕비는 공주가 울음을 그치지 않는 것을 대수롭지 않게 생각하였습니다. 그러나 날이 갈수록 공주의 울음이 심해지자 걱정을 하지 않을 수가 없었습니다.

 어느 날 왕과 왕비는 공주가 걱정이 되어 공주에게로 갔습니다. 시녀들은 우는 공주를 달래고 있었습니다.

 "공주 마마, 울지 마세요. 상감 마마께서 듭시옵니다."

 "우리 공주가 얼마나 울었길래 온통 얼굴과 옷이 눈물 투성이로구나!"

 왕이 공주에게 말을 걸었지만 공주는 울음을 그치지 않고 계속 울기만 했습니다.

 "평강아! 이제 그만 울음을 그치거라. 이토록 서럽게 우는 까닭이 대체 뭐란 말이냐?"

화가 난 왕이 물었지만 그럴수록 공주의 울음 소리는 커져만 갔습니다.

"평강아! 그렇게 자꾸 울기만 하면 바보 온달에게 시집 보낼 테다!"

왕은 화를 견디지 못하고 버럭 고함을 지르고 말았습니다.

"바보 온달?"

왕이 온달 얘기를 하자 그 때까지 울고 있던 공주는 갑자기 울음을 뚝 그쳤습니다.

"바보 온달은 우리 나라에서 가장 못난 바보란다. 만약 계속 운다면 너를 바보 온달한테 시집 보내고 말 테다!"

왕은 다시 한 번 말했습니다.

그 후 공주가 울어댈 때면 시녀들은 왕이 했던 것처럼 바보 온달 얘기를 꺼냈습니다.

"공주님 자꾸 우시면 정말 바보 온달에게 시집 가야 해요."

시녀들이 그 말을 하면 공주는 신기하게도 울음을 뚝 그치고는 하였습니다.

한편 바보 온달은 남산에서 홀어머니를 모시고 살고 있었습니다. 온달의 집안은 몹시 가난했습니다. 그래서 매일 나무를 해서 장에 내다 팔아야 했습니다.

하지만 온달은 소문난 효자였습니다. 한번도 늙은 어머니를 모시는 일에 소홀함이 없었습니다.

사람들은 행색이 남들보다 초라하고 남루해서 그를 바보 온달이라고 불렀습니다. 하지만 마음씨가 착하고 어진 그의 성품을 아는 사람들은 그를 세상에서 둘도 없는 효자라고 말했습니다.

온달은 동네 꼬마들이 자기를 바보라고 불러도 웃기만 할 뿐 화를 낸 적이 없었습니다. 착한 온달은 장터에서 노인들이 힘들게 짐을 들고 가면 얼른 뛰어가 짐을 받아들었습니다.

"제가 들어다 드리겠습니다."

"이렇게 고마울 데가. 정말 고맙네."

착한 그의 성품을 아는 사람은 누구나 칭찬을 아끼지 않았습니다.

덥수룩한 머리에 누더기 같은 옷차림을 하고 있

었지만 온달은 천하장사였습니다. 힘만은 누구 못지 않았습니다.

온달이 나무를 지게에 지고 가면 작은 산 하나가 움직이고 있는 것처럼 보였습니다. 한번은 커다란 황소를 두 팔로 안아 들어올린 적도 있었습니다.

어느덧 세월이 흘러 평강 공주는 열여섯 살이 되었습니다.

"이제 우리 공주도 신랑을 맞이해야 할 나이가 되었구나!"

"허허, 어려서 매일 울던 평강이 벌써 시집이라니……."

왕과 왕비는 다 자란 평강 공주에게 결혼 얘기를 꺼냈습니다.

그러나 공주는 별 반응을 보이지 않았습니다.

그러던 어느 날 평강 공주는 왕과 왕비 앞에서 자신의 솔직한 마음을 말했습니다.

"아바마마, 소녀가 어려서부터 듣고 자란 말이 있사옵니다. 두 분의 약속을 잊지 않고 있사오니 제 결혼 상대자는 따로 고르실 필요가 없습니다."

"약속이라니?"

왕은 의아스러운 표정으로 평강 공주를 바라보았어요.

"소녀가 다 자라면 온달님에게 저를 시집 보내신다 하지 않았습니까?"

평강 공주는 단호하게 말했습니다.

"그건 약속이 아니었다. 단지 네 울음을 그치게 하려는 수단이었을 뿐이다."

왕은 놀라 평강 공주를 설득했습니다.

"하지만 한번 약속한 것을 한 나라의 임금이신 아바마마께서 어떻게 저버릴 수 있단 말입니까?"

공주는 한걸음도 물러서지 않았습니다. 왕은 너무도 난감했습니다. 설마하니 정말 바보 온달에게 시집가려 할까, 그렇게 생각하면서도 불안감을 떨칠 수가 없었습니다. 그만큼 공주의 고집은 대단했기 때문입니다.

며칠 후 아버지는 평강 공주를 불렀습니다.

"평강아! 네 배필감으로 알맞은 명문가문의 젊은 이가 있단다. 네 생각이 어떤지 알고 싶구나."

"아버님 제 뜻은 변함없습니다. 온달님에게 시집 가겠사옵니다. 다른 곳으론 절대 가지 않겠습니다."

공주는 자기 고집을 굽히지 않았습니다.

"정녕 네 고집을 못 꺾겠다면 넌 지금부터 내 딸이 아니다! 당장 궁궐에서 나가거라!"

머리 꼭대기까지 화가 난 왕은 그 날로 공주를 궁궐에서 쫓아 버렸습니다.

왕비는 평강 공주가 가여워 눈물을 흘리며 보따리 속에 보석을 한 움큼 넣어 주었습니다.

궁궐을 빠져 나온 평강 공주는 바보 온달을 찾아갔습니다.

하지만 온달은 평강 공주를 보자 놀라서 문부터 잠갔습니다.

"아무리 봐도 여우가 틀림없어. 집에 들였다가는 나는 물론이고 어머니까지 살아남을 수 없을 거야."

하지만 평강 공주는 문 앞을 떠나지 않았습니다.

"문을 열어 주십시오. 저는 평강 공주입니다. 어

려서부터 온달님에게 시집 보낸다는 아버님 말씀을 듣고 자랐기 때문에 그 약속을 지키러 이렇게 찾아왔습니다."

공주는 간곡하게 말했습니다.

날이 밝았습니다. 이제는 갔으려니 생각하고 문

을 연 온달은 깜짝 놀랐습니다. 평강 공주가 아직도 그 자리에 앉아 있었기 때문입니다. 밤새 앉아 있었던 탓에 덜덜 떨고 있었습니다.

그때서야 온달은 공주를 방안으로 데리고 들어왔습니다.

바보 온달 집에서 살기 시작한 평강 공주는 앞 못 보는 시어머니를 모시며 열심히 일했습니다.

그리고 온달에게는 밤마다 글 공부를 시키고 낮에는 무예를 익히게 했습니다.

이제 온달은 예전의 못난 바보가 아니었습니다. 늠름한 대장부요, 활기찬 젊은이의 모습으로 바뀌었습니다.

마침내 천성이 착하고 부지런한 온달은 용맹스런 장군의 풍채를 지니게 되었습니다.

그 해 가을에 평강 공주는 왕비가 준 보석을 온달에게 주었습니다. 그 보석으로 장에 가서 말 한 필을 사 가지고 오게 했습니다.

"말을 사되, 일반 사람들의 말을 사지 마시고 군 사용으로 쓰던 말을 사 오십시오. 그 말 중에서도

병들고 제일 마른 말을 골라 사 오세요."

평강 공주의 말대로 온달은 깡마른 말 한 필을 샀습니다. 그 뒤 평강 공주는 말을 잘 키워 온달에게 말타는 법을 가르쳤습니다. 온달은 무예를 익혔고 말타는 것도 배웠습니다.

이듬해 봄, 나라에서는 무술 대회를 연다는 소식이 있었습니다. 이 대회는 힘과 사냥술을 겨루는 고구려의 전통적인 행사였습니다. 이 대회에는 왕이 직접 참가하여 1등을 차지한 무사에게 장군 칭호를 내리기로 되어 있었습니다.

지금까지 무술을 익혀 온 온달도 이 대회에 참가하였습니다. 전국에서 용맹스런 무사들이 구름처럼 몰려 서로 실력을 겨뤘습니다.

마침내 온달은 그 대회에서 장원을 하게 되었습니다. 모두 평강 공주의 덕택이었습니다. 온달은 씩씩한 걸음으로 왕 앞에 나갔습니다.

"오호, 장하구나! 내게 가까이 오라. 그대는 어느 가문의 자제인가?"

"소인은 온달이라 하옵니다."

"온…… 온달? 그대가 정녕 온달이란 말인가?"

"그러하옵니다."

"그럼, 우리 평강의……."

왕과 왕비는 까무러칠 정도로 놀라고 말았습니다. 왕과 왕비는 정신을 차리고 자세히 온달을 보았습니다. 그런데 온달은 이미 과거의 바보가 아니었습니다. 한눈에도 탐을 낼 정도로 씩씩하고 늠름한 젊은이였습니다.

그 날 밤, 온달은 집으로 돌아와 이 기쁜 소식을 평강 공주에게 알렸습니다. 하지만 평강 공주의 얼굴에서는 기쁜 표정을 찾아볼 수 없었습니다.

"서방님, 이제부터 시작이옵니다. 오늘 같은 사소한 영광에 만족하지 마세요. 몸과 마음을 다해 무예를 닦으시면 나라를 위해 몸을 바칠 때가 올 거예요."

"부인 말을 내 명심하겠소."

그러던 어느 날, 중국 후주의 무제가 군사를 이끌고 고구려의 영토를 쳐들어왔습니다.

"전하, 제가 앞에 나가서 적들을 무찌르겠습니

다!"

 누구보다 먼저 온달이 왕 앞으로 나가 그렇게 말했습니다.

 "온달 장군이야말로 고구려의 대장부로다."
 왕은 온달의 드높은 기상에 감격하였습니다.
 온달이 앞장 서서 적의 한가운데를 뚫고 들어가자, 고구려 군사들의 사기는 하늘을 찌를 듯 치솟았습니다.

 "언제 고구려에 저토록 훌륭한 장수가 있었단 말이더냐."

 기세가 꺾인 무제군은 허둥거리다 달아나기에 급급했습니다.

 이 싸움에서 고구려군은 후주군을 크게 무찔렀습니다. 승리의 깃발을 올리고 전쟁터에서 돌아온 온달 장군의 명성은 온 고구려에 퍼졌습니다.

 "오, 역시 내 사위로다. 그대의 공을 높이 사서 큰 상과 벼슬을 내리니 사양치 말라."

 왕은 온달 장군에게 상과 큰 벼슬을 내렸습니다. 그리고 얼마 후에는 온달 장군과 평강 공주가 정식으로 결혼하도록 하였습니다.

그 후 온달 장군 내외와 그의 어머니는 궁궐에 들어가 행복하게 살았습니다.

온달 장군을 용감하고 지혜롭게 만든 평강 공주는 사람들의 칭송을 받았습니다. 이 후, 온달 장군

은 더욱 나라를 지키는 일에 힘썼습니다.

어느덧 세월이 흘러 평원왕은 죽고 그 뒤를 이어 영양왕이 왕을 이어 받았습니다.

오래 전부터 고구려의 옛 영토를 되찾아야 한다고 생각한 온달 장군은 어느 날 왕에게 뜻을 밝혔습니다.

"전하, 신라가 차지한 한강 이북 땅은 원래 고구려의 영토입니다. 백성들은 비옥한 그 곳을 잊지 못하고 있습니다. 제게 군사를 내어 주신다면 죽음을 무릅쓰고 다시 찾아오겠습니다."

"장군의 뜻이 정말 훌륭하오! 군사를 줄 터이니 옛 땅을 되찾도록 하시오."

영양왕은 흔쾌히 온달 장군의 뜻을 받아들였습니다. 군사를 이끌고 전쟁터로 나가기 앞서 온달 장군은 평강 공주에게 자신의 의지를 말하였습니다.

"부인, 이번에 출전해서 한강 이북 땅을 찾지 못하면, 내 죽어서도 돌아오지 않겠소."

신라군과 맞선 온달 장군은 뛰어난 전술과 투지로 거듭 승리하였습니다.

그런데 아차산 아래에서 신라군과 싸울 때 그만 온달 장군은 적이 쏜 화살에 맞아 전사하고 말았습니다.

군사들은 온달 장군을 관에 넣어 고구려로 돌아가려 했습니다. 하지만 관은 땅에 붙박혀 몇 사람이 들어도 떨어지지 않았습니다.

군사들은 이를 이상히 여겨 평강 공주에게 알렸습니다.

직접 전쟁터에 나온 평강 공주는 눈물을 삼키며 온달 장군의 관을 어루만졌습니다.

"이제, 내 장군의 뜻을 충분히 알았어요. 그만 저와 같이 가셔요."

평강 공주의 말이 떨어지자 그때서야 관이 움직이는 것이었습니다.

군사들은 온달 장군의 죽음을 슬퍼하면서 다시 신라군과 싸워 승리를 거두었습니다.

온달 장군이 죽어서 고구려에 돌아오자 영양왕은 애통해하면서 그를 고이 묻어 주었습니다.

교과서에 나오는
3학년 위인들

초판 1쇄 인쇄 2010년 3월 10일
초판 4쇄 발행 2010년 7월 5일

엮 은 이 위인전 편찬위원회
발 행 인 김범수
발 행 처 자유토론
주   소 서울시 양천구 목2동 504-17 신구빌딩 2층
전   화 070-7641-9515
전   송 02-732-3474
E-mail fibook@naver.com
출판등록 제 314-2009-000001

  ISBN 978-89-93622-29-4 73990

       값 8,500원

       잘못된 책은 구입하신 서점에서 교환해 드립니다.
       저자와의 협의에 의해 인지는 생략합니다.